*Brinquedoteca:
Manual em
educação e saúde*

© 2011 by Beatriz Piccolo Gimenes
Sirlândia Reis de Oliveira Teixeira

© Direitos de publicação
CORTEZ EDITORA
Rua Monte Alegre, 1074 – Perdizes
05014-000 – São Paulo – SP
Tel.: (11) 3864-0111 Fax: (11) 3864-4290
cortez@cortezeditora.com.br
www.cortezeditora.com.br

Direção
José Xavier Cortez

Editor
Amir Piedade

Preparação
Alessandra Biral

Revisão
Alessandra Biral
Fábio Justino de Souza
Rodrigo da Silva Lima

Edição de Arte
More Arquitetura de Informação

Ilustrações
Antonio Carlos Tassara

Dados Internacionais de Catalogação na Publicação (CIP)
(Câmara Brasileira do Livro, SP, Brasil)

Gimenes, Beatriz Piccolo
  Brinquedoteca: Manual em educação e saúde / Beatriz Piccolo Gimenes, Sirlândia Reis de Oliveira Teixeira – 1. ed. – São Paulo: Cortez, 2011.

Bibliografia.
ISBN 978-85-249-1832-2

1. Brincadeiras 2. Brinquedos 3. Brinquedos - Aspectos psicológicos 4. Crianças - Desenvolvimento 5. Educação de crianças 6. Infância 7. Jogos educativos 8. Psicologia do desenvolvimento I. Teixeira, Sirlândia Reis de Oliveira. II. Título.

11-09627   CDD-371.337

Índices para catálogo sistemático:
  1. Brincadeiras e brinquedos: Educação Infantil   371.337

Impresso no Brasil — setembro de 2011

Beatriz Piccolo Gimenes
Sirlândia Reis de Oliveira Teixeira

Brinquedoteca: Manual em educação e saúde

CORTEZ EDITORA

1ª Edição – 2011

● Dedico esta obra a todos os educadores, especialmente àqueles que foram meus professores e hoje também amigos: Meire Rocha Pombo, primeira mestra (in memoriam), Nylse Helena da Silva Cunha, Edda Bomtempo, Aidyl Macedo de Queiroz Pérez-Ramos, Elsa Lima Gonçalves Antunha, Dráuzio Viegas e Lino de Macedo pelos exemplos e pioneirismo, que anseiam e colaboram como eu na transformação do planeta para um mundo melhor, a começar pela Educação da Criança. Agradeço ao Senhor da Vida, por minha capacidade de pensar e amar, ensaiada em vários segmentos sociais pelos quais tenho passado, e à minha família, que é meu esteio.

Beatriz

● Dedico este livro a Alessandra, Laryssa, Clara Sofia, Enrique, Lhais, Luana e a todas as outras crianças, que são inspiração para a alegria da vida humana. Agradeço ao meu príncipe, Lucimauro, que é a realidade do meu faz de conta e pelo apoio e amor que me dedica; ao João Lucas, nosso filho, um tesouro dessa união; à minha família, que é base de minha existência; ao querido amigo Amir, pelo apoio a esta obra.

Sirlândia

Sumário

PREFÁCIO 8
APRESENTAÇÃO 9

● **CAPÍTULO 1 –**
O BRINCAR 13

- 1.1 O brincar, desenvolvimento e aprendizagem 13
- 1.2 Brincar: um direito? 24
- 1.3 Sugestões de atividades lúdicas 30

● **CAPÍTULO 2 –**
RETROSPECTIVA LÚDICA 75

- 2.1 História das atividades lúdicas: breve panorama 75
- 2.2 As atividades lúdicas no Brasil 84
- 2.3 Brinquedos: os pesquisadores no Brasil 88
- 2.4 Sugestões de atividades lúdicas 99

● **CAPÍTULO 3 –**
BRINQUEDOTECA: ORIGEM, CONCEITO E OBJETIVOS 146

- 3.1 Origem e dados recentes 146
- 3.2 Conceito e características 157
- 3.3 Objetivos e classificação 160
  - 3.3.1 Brinquedoteca comunitária 161
  - 3.3.2 Brinquedoteca psicopedagógica 161
  - 3.3.3 Brinquedoteca hospitalar 161
  - 3.3.4 Brinquedoteca especializada
    (caracterizada segundo seus frequentadores) 162

● **CAPÍTULO 4 –**
TIPOS DE BRINQUEDOTECAS 163

- 4.1 Brinquedotecas comunitárias 163
  - 4.1.1 Brinquedotecas em diferentes situações 167
  - 4.1.2 Brinquedotecas itinerantes 172
- 4.2 Brinquedotecas psicopedagógicas 173
  - 4.2.1 Brinquedotecas escolares 173
  - 4.2.2 Brinquedotecas universitárias: laboratórios 181
  - 4.2.3 Brinquedotecas nas organizações
    não governamentais (ONGs) 187
- 4.3 Brinquedotecas hospitalares 196
  - 4.3.1 A criança hospitalizada e suas necessidades 197

4.3.2 Sobre a brinquedoteca hospitalar	199
4.3.3 Cuidados e higienização: materiais da brinquedoteca hospitalar	203
• 4.4 Brinquedoteca *versus* frequentador	206
4.4.1 Brinquedotecas terapêuticas	206
4.4.2 Brinquedotecas geriátricas	207
4.4.3 Brinquedotecas educacionais para reeducandos	208

● **CAPÍTULO 5 –**
BRINQUEDOTECA: MONTAGEM PASSO A PASSO 210

• 5.1 Por onde começar?	210
5.1.1 Região	210
5.1.2 Recursos humanos	211
5.1.3 Projeto	212
5.1.4 Local	213
• 5.2 Ambiente e estrutura básica da brinquedoteca	217
5.2.1 Cantinho fofo ou do afeto	218
5.2.2 Cantinho do faz de conta	219
5.2.3 Cantinho das fantasias	221
5.2.4 Cantinho da imaginação e teatrinho	222
5.2.5 Cantinho da leitura	224
5.2.6 Cantinho dos jogos	226
5.2.7 Cantinho com brinquedos diversos	227
5.2.8 Cantinho das invenções ou artes em sucata	228
5.2.9 Oficina de manutenção	230
5.2.10 Outros miniespaços	231
• 5.3 Manutenção da brinquedoteca	235

● **CAPÍTULO 6 –**
CONSIDERAÇÕES FINAIS 255

• 6.1 Conclusão	255

● **CAPÍTULO 7 –**
REFERÊNCIAS BIBLIOGRÁFICAS 260

Prefácio

Atualmente, espaços para brincadeiras e jogos tornam-se cada vez menores em tamanho e quantidade, principalmente em áreas urbanas. As crianças vivem, na maior parte do tempo, confinadas em apartamentos, na frente da TV ou do computador como atividades de lazer. E a violência é outro fator que contribui para a diminuição dos espaços do brincar nas grandes cidades. Assim, o crescente número de brinquedotecas no Brasil aponta a importância desse espaço como um lugar privilegiado de encontro com a criança, onde ela tem acesso a um grande número de brinquedos variados, que lhe permitem verificar se a imagem que ela tem destes, pela propaganda, é verdadeira.

Neste espaço, podemos obter informações importantes em relação às características dos brinquedos que as crianças escolhem e com os quais brincam, como: qualidade, preferência pelo tipo, tempo de permanência, quantidade de brinquedos com os quais a criança brinca ao mesmo tempo, o tipo do material com o qual o brinquedo é construído etc. Tudo isso vai nos dar uma leitura da criança que vai além do que o adulto, muitas vezes, possa perceber, tornando-se de suma importância para pais, professores e fabricantes.

Além disso, vale citar que as condições de uso e segurança dos brinquedos, as modalidades de brincadeiras possíveis, as vantagens e desvantagens trazidas pela utilização de determinado brinquedo e até a melhoria na confecção e no acabamento das peças de determinado objeto lúdico, são, também, levadas em conta. A brinquedoteca contribui, especialmente, para a educação da criança na família, pois os pais, brincando com os filhos, estarão mais próximos de seu mundo e poderão compreendê-los melhor.

Podemos dizer, portanto, que a brinquedoteca enriquece as experiências lúdicas infantis, permitindo maior conhecimento do mundo e maior integração à vida social. Provavelmente, se uma criança se acostumar a frequentar a brinquedoteca, com certeza, mais tarde, expandirá seu interesse e prazer em frequentar esses locais; posteriormente, os teatros e as salas de concertos, pois isso será questão de hábito construído, de exemplos recebidos e de tempo vivido.

Edda Bomtempo
São Paulo, janeiro de 2010.

Apresentação

A proposta deste livro, a princípio, foi de expressar a nossa experiência profissional na área lúdica, com o enfoque maior em brinquedoteca, para servir de estímulo ao pesquisador ou educador iniciante, de maneira simples e objetiva, como um roteiro-guia somente.

Todavia, quando se iniciou a desenrolar o fio da memória, conscientizamo-nos sobre a grande demanda existente sobre esse tema na área acadêmica, que beneficiaria a educação infantil, e sobre a lacuna que a literatura atual possui, mesmo respeitando o imenso valor das poucas publicações presentes. Então, resolvemos torná-lo um manual, pois nele há muitos modelos de brinquedotecas nacionais e internacionais, que ilustram as situações narradas. O levantamento de dados demorou quatro anos para formar o conteúdo descrito.

Assim, neste livro, o leitor encontrará em sequência os vários assuntos pertinentes a uma brinquedoteca, como o brincar e o desenvolvimento, a criança e o brinquedo, uma introdução sobre brinquedoteca com breve histórico, classificação e estrutura para montá-la, finalizando com uma conclusão.

Como primeiro capítulo, enfocamos o ato de brincar, envolvendo conceitos e reflexões sobre esse mundo, por meio de pesquisa teórica proveniente de alguns estudiosos; investigamos sobre os benefícios que a brincadeira promove no desenvolvimento humano e na aprendizagem; levantamos indagações e respostas sobre os direitos da criança na realização das atividades lúdicas e as políticas públicas referentes. Findamos com algumas brincadeiras ou jogos, cujos nomes foram mencionados nesse capítulo, apresentados de maneira bem prática: origem, como brincar ou regras, sugestão sobre a partir de qual idade se deve iniciar, benefícios e enfoque multidisciplinar.

O capítulo dois concentra-se, ainda, em uma pesquisa literária, porém em uma visão histórica breve sobre o brincar e brinquedo; isto é, desde quando se conhece sobre o brincar e brincadeiras e a partir de qual época foram consideradas características específicas da criança. A seguir, levantamos dados sobre esses temas, concentrando-nos na história brasileira. Como penúltimo enfoque do capítulo, pesquisamos os conceitos e a definição sobre brinquedo, destacando alguns trechos do imenso trabalho de alguns pesquisadores brasileiros, que iniciaram com pioneirismo nessa área antes da década de 1980, como singela homenagem.

Em Educação Especial, temos Nylse Helena da Silva Cunha, pesquisadora do brinquedo em sucata; em Psicologia Escolar, citamos Edda Bomtempo, estudiosa dos benefícios do brinquedo no desenvolvimento humano e aprendizagem; em Ludoterapia, apresentamos Aidyl Macedo de Queiroz Pérez-Ramos, com o papel do brinquedo na psicoterapia hospitalar; em Neuropsicologia, apontamos Elsa Lima Gonçalves Antunha, como pesquisadora do brinquedo e seus benefícios ao sistema neurocerebral humano; na área médica, em Pediatria, incentivando a criança enferma a brincar e as questões de humanização hospitalar, apresentamos Dráuzio Viegas; e, na Educação e Aprendizagem, como iniciador nas pesquisas sobre os jogos e estudos construtivistas aplicados, mencionamos Lino de Macedo, pedagogo de formação. Finalizamos essa parte com mais uma coletânea de brincadeiras e jogos, aqueles mencionados durante a investigação histórica.

Como capítulo três, temos um breve relato sobre a origem das brinquedotecas, o seu conceito e os tipos. Homenageando os mais de trinta anos de história sobre Brinquedoteca, de 1978 a 2009, mencionamos os congressos realizados pela International Toy Libraries Association (Itla) e os núcleos existentes da Associação Brasileira das Brinquedotecas (ABBri).

No capítulo quatro, apresentamos a classificação das brinquedotecas, enriquecida com exemplos fotográficos; ou seja, abordamos as brinquedotecas comunitárias em diferentes situações e a itinerante; definimos as psicopedagógicas, como laboratório de observação e tipos de tratamento, dentro de escolas, de universidades e em organizações não governamentais (destacando o Complexo Lúdico Meimei, em São Bernardo do Campo, SP). Além disso, conceituamos a brinquedoteca hospitalar em seus vários enfoques, sua manutenção como equipamento hospitalar e apontamos as necessidades da criança hospitalizada; finalizamos com a classificação dependente do tipo de clientela, tornando-se brinquedoteca terapêutica, geriátrica ou socioeducativa, para reeducandos.

No capítulo cinco, enfocamos a estrutura de uma brinquedoteca, com montagem passo a passo, abordando desde como iniciar, descrevendo a equipe humana, sugerindo o planejamento geral, até em que local seria o ideal. Abordamos sobre desde o ambiente e a estrutura mínima de uma sala de espera para crianças até as sofisticações de um espaço, como uma pequena brinquedoteca, com a descrição detalhada dos vários cantinhos como sugestões, concluída com uma planta baixa de brinquedoteca, como exemplo. Finalizamos esse capítulo com as ações que envolvem a manutenção da brinquedoteca para ter sucesso constante, citando o modelo da Instituição Assistencial Meimei, de São Bernardo do Campo (SP).

Na conclusão, apresentamos uma reflexão pessoal a respeito do que foi desenvolvido neste manual e, no último capítulo, o índice de referências bibliográficas, lembrando que as atividades lúdicas, encontradas nos capítulos, classificam-se de acordo com o tipo: recreação, brincadeira de salão, tradicional, jogo simbólico e de regras.

Esclarecemos que algumas fotos não têm uma melhor qualidade focal por serem muito antigas, sem os recursos digitais atuais. Contudo, esperamos atender às indagações básicas do público leitor sobre esse tema, aceitando outras informações para a ampliação desse estudo em uma próxima edição.

Agradecemos àqueles que apreciaram esta obra com satisfação e interesse, aos quais pudemos contribuir de alguma forma com a nossa experiência.

Beatriz Piccolo Gimenes
*e **Sirlândia Reis de Oliveira Teixeira***
São Paulo, dezembro de 2009.

CAPÍTULO 1
O BRINCAR

1.1 O brincar, desenvolvimento e aprendizagem

Quem nunca brincou que atire a primeira pedra...

Mas que seja no jogo das cinco marias❋[1], pois, ao lançar as pedrinhas para o alto, você experimentará a própria habilidade em agarrá-las antes que atinjam o solo!

Sobre o simples brincar na natureza, quem não se lembra da brincadeira competitiva, para ver quem lança a pedra mais longe? Ou quem não se recorda do jogo da amarelinha❋, tentando acertar o alvo sobre o desenho riscado na terra, feito pela própria pedra ou por um firme graveto de árvore? Enfim, qualquer pessoa pode atirar quantas pedras desejar, mas só quando for a sua vez!

Ah, quantas recordações agradáveis evocadas sobre uma simples pedra e escolhida ao acaso...

A atual perspectiva sobre as atividades lúdicas, mais especificamente sobre brinquedos, brincadeiras e brinquedotecas, leva psicólogos, psicopedagogos e outros profissionais da educação a incentivar a prática desse universo como forma de facilitar o desenvolvimento infantil e de proporcionar a aprendizagem em elevado nível de qualidade. Todavia, sobre a dinâmica do brincar propriamente, essa implica desenvolvimento humano, que é muito mais que aprendizagem. Porque, para a criança pequena, brincar significa se expressar naturalmente, ou seja, existir em toda a sua plenitude, sem ser tolhida em sua espontaneidade.

---

[1] Quando aparecer este símbolo, conferir a atividade lúdica no fim do capítulo.

Nos currículos escolares atuais, em pleno século XXI, a atividade lúdica deixa de possuir um caráter secundário e passa a ser pedagogicamente aceita como parte essencial dos conteúdos programáticos. Entretanto, há cerca de 200 anos, não era assim que acontecia.

No século XIX (Weiss, 1997), predominava a ideia de que a criança era uma miniatura do homem, e até mesmo os brinquedos, em particular as bonecas❋, lembravam as características de adultos.

No entanto, com a relevância do brincar no mundo infantil atual, isso faz que a criança se apresente como um segmento social de elevado potencial participativo na história e na cultura de um povo, jamais como um adulto em miniatura,

[Crédito: B. P. Gimenes]

Bonecas de diversos tipos e épocas e uma das mais antigas, que se assemelha a um adulto em miniatura. Museu da Infância – Universidade Estadual de Santa Catarina (Unesc). Segunda Semana de Valorização da Infância e Cultura da Paz. Senado Federal/Brasília, 2009.

pois tem sua singularidade, que não é encontrada em outra classe humana. A criança pensa e se comporta como tal, possui brincadeiras únicas inerentes a cada faixa etária, como característica natural de sua fase de desenvolvimento!

Qualquer profissional que trabalha com crianças sente que é indispensável haver espaço e tempo para brincar com elas e ter meios lúdicos para melhor se comunicar na relação. Vale observar o diálogo diferenciado de um médico que cria jogos com objetos do consultório diante de seu paciente, ou o professor que possibilita situações interessantes ou prazerosas em sala de aula.

Weiss (1997) remete-nos à nossa infância, quando nos indaga sobre quem nunca brincou de ser professora, bailarina, jogador de futebol❊, fazer comidinha (brincar de casinha❊), ser mamãe ou papai, entre outros tipos de brincadeiras. Também nos convida a avaliar quanto foram importantes esses momentos, indagando-nos sobre qual brincadeira era mais interessante em determinada faixa etária.

Gimenes (2009) pesquisou sobre a infância de 117 alunas do curso de Pedagogia, com idades que variavam entre 20 e 45 anos, divididas entre dois grupos. Na pesquisa, todas expuseram suas brincadeiras prediletas, vencendo a amarelinha, seguida do pular corda❊. Algumas alunas se expressaram em frases sobre os desenhos de infância ao registrarem percepções e sentimentos referentes às brincadeiras favoritas. A seguir, estão alguns recortes de depoimentos sem identificação pessoal:

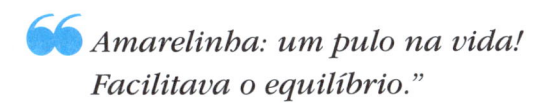

> ❝ *Amarelinha: um pulo na vida! Facilitava o equilíbrio.*"

> ❝ *Quando eu pulava corda... percebia que brincar é social... o caminho que se deve percorrer para não cair... eram o meu corpo e a mente brincando bem rápido...*"

[Crédito: B. P. Gimenes]

Pôsteres de tecido. Notam-se que o pular corda é pintado e os Direitos Universais da Criança são bordados. Museu da Infância (Unesc). Senado Federal/Brasília, 2009.

De acordo com Weiss (1997), uma fase importante da infância foi dedicada às coleções de objetos, cujo significado era compreendido pelas crianças de faixa etária semelhante, ou seja, entre sete ou oito anos. Dessa forma, os meninos colecionavam figurinhas dos craques de futebol, ou dos modelos mais avançados de automóveis, enquanto as meninas adoravam juntar fotos de cantores e artistas, ou papéis de carta, preparando-se para o romantismo que as acometeria em futura fase etária.

Era interessante o que elas faziam para trocar os papéis de carta, só para não perder aquele que faltava na coleção. Por sua vez, os meninos, com as bolinhas de gude, também organizavam campeonatos sobre quem jogava melhor ou tinha as bolinhas de gude mais diferentes. Tais atividades analisadas pela ótica adulta permitem deduzir que, atualmente, a negociação não tem tanta importância, nem a magia dos momentos de glória e louvor da época de infância.

Capítulo 1 - O brincar

[Crédito: B. P. Gimenes]

Coleção de sapos em tecidos, brinquedos, fantoches e livros a respeito desse anfíbio. Acervo da oficina oferecida por B. P. Gimenes na Segunda Jornada Nacional do Brincar e da Brinquedoteca. Umesp/São Bernardo do Campo (SP), 2008.

Ainda de acordo com a autora, outro fator de destaque nas atividades lúdicas eram as situações frustrantes vividas. Quantas vezes perdíamos no jogo? Isso nos ajudava a enfrentar as dificuldades e a perceber que ninguém pode ter tudo o que deseja, na hora que quiser, sem a possibilidade de ocorrer um descontentamento. Hoje em dia, essa ausência de frustração tem causado sérios problemas de indisciplina nas crianças, por não aceitarem a recusa de um desejo manifestado e não satisfeito no momento, por não terem o hábito de jogar com os colegas, restringindo-se a atividades lúdicas solitárias.

Por que, então, em determinada época da vida, são mais comuns certas brincadeiras e não mais aquelas outras, que causavam tanta euforia? Qual é o papel das brincadeiras em cada etapa do desenvolvimento? Por que em determinada faixa etária as crianças realizam atividades semelhantes? (Weiss, 1997).

[Crédito: B. P. Gimenes]

O brincar espontâneo: nesta roda, os bonecos também participam. Complexo Lúdico Meimei. São Bernardo do Campo (SP), 2007.

Capítulo 1 - O brincar

[Crédito: B. P. Gimenes]

*Brincar espontâneo:
tanque de areia.
Complexo Lúdico Meimei,
São Bernardo do Campo (SP), 2009;
Brinquedoteca do Colégio Integrado
de Guarulhos (SP), 2007.*

As respostas a essas dúvidas estão na Psicologia Genética, de Jean Piaget, cientista suíço (1896-1980). Para ele existem quatro grandes tipos de jogos que se despontam ao longo do desenvolvimento humano, que descreveremos a seguir.

Como o primeiro tipo de jogo, temos aqueles que aparecem entre os bebês, a fase do jogo de exercício, ou funcional, caracterizado pela repetição de uma ação e pelo prazer que esta proporciona (Período Sensório-Motor). Em seguida, no início da fase pré-escolar (começo do Período Pré-Operatório), vem o estágio do jogo simbólico, permeado pela imitação, que acontece quando as crianças manipulam objetos atribuindo-lhes significados diferentes dos habituais, por terem o pensamento lógico ainda não estruturado.

Aos quatro anos, os jogos de exercício são mais globais e realizados em pequenos grupos. Aqui estão várias brincadeiras tradicionais, como as de roda®, cantigas, lenço atrás®, passa-anel®, batata quente®, morto-vivo®, estátua®, cabra-cega®, entre outras.

Próximo aos cinco anos, predominam os jogos de construção ou acoplagem, o terceiro tipo, como os quebra-cabeças e os de montagem com blocos ou peças. Posteriormente, entre oito ou nove anos, estes são ampliados em sua complexidade e aprimorados na realização, como nos exemplos da construção de um carrinho® ou do costurar a roupa de boneca, entre outros. Esses jogos são considerados intermediários entre a segunda e última classe, porque há neles um misto de simbolismo em seu significado estrutural e o aparecimento de algumas regras em sua elaboração.

Por último, próximo aos seis ou sete anos, aparecem os jogos de regras simples, que exigem dos participantes o cumprimento de normas (Período Operatório Concreto). Mas, por volta dos nove ou dez anos, as crianças criam regras e consideram os vários fatores que influenciam no resultado dessas atividades, de modo consciente e com relativa responsabilidade. Tais jogos crescem em sua dinâmica e estratégias, tornando-se jogos de regras complexas, marcando o início do Período Operatório Formal do pensamento (Piaget, 1967 e 1978).

Corroborando as pesquisas piagetianas, encontramos Gimenes (1999, 2000b e 2008b), que tem trabalhado com o brincar em brinquedotecas desde 1982, considerando os mais variados jogos simbólicos entre crianças de dois a quatro anos incompletos. Também tem utilizado os jogos de regras não somente para observar a construção do pensamento lógico matemático, mas também no registro de ações comportamentais que influenciam na afetividade e na sociabilidade das crianças, além de sua participação como agentes da cultura, quando estruturam um jogo feito com sucata e o divulgam em sua família e pela vizinhança, no lugar onde vivem.

Capítulo 1 - O brincar

[Crédito: B. P. Gimenes]

Crianças com o jogo de percurso A Viagem. Oficina de Jogos. Complexo Lúdico Meimei. São Bernardo do Campo (SP), 2006.

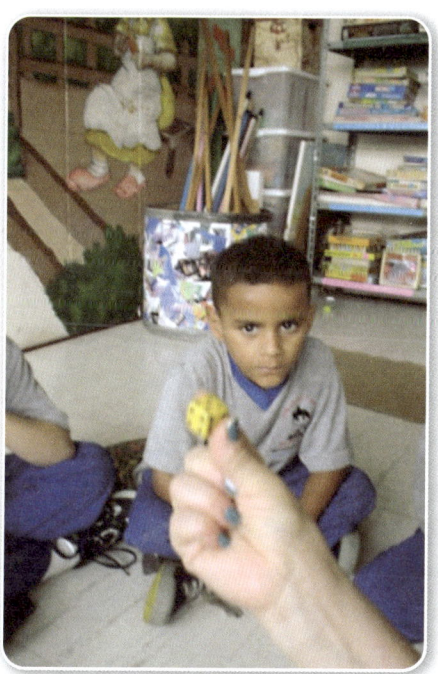

Entre os jogos de regras, destacamos o jogo de percurso※, pois é um eficiente recurso para aprender a série numérica e ordinal, além de as primeiras operações matemáticas, como adição e subtração. É possível notarmos a satisfação e o interesse no olhar dos competidores caminhando para o final do jogo.

A grande maioria dos educadores que conhecem os fundamentos teóricos do pesquisador Vygotsky (1989) sabe que o brinquedo proporciona uma zona de desenvolvimento mental proximal, conceito criado por ele, que auxilia na aprendizagem, porque está diretamente relacionado com a interação cultural. Nessa situação, a criança supera a própria condição do momento, agindo como se fosse maior, desafiando limites, ações e pensamento, pois é comum observarmos que, geralmente, ela sempre age de modo diferente do comportamento habitual de sua idade, extrapolando o procedimento diário característico, quando em grupo.

Assim, ao interagir com o brinquedo, a criança age como se fosse mais madura do que se apresenta, porque o objeto lúdico fornece certas coordenadas que atuam sobre o sujeito, promovendo mudanças em suas necessidades quanto ao pensar e agir. Há constatações publicadas de várias ações de uma criança brincando, desde as imaginativas até as intenções voluntárias que atuam na vida real.

Para o pesquisador, a mediação, ou seja, alguém mais velho presente e intermediando o mundo infantil com o meio ambiente, é feita desde o nascimento da criança, e isso contribui para que ela seja capaz de se apropriar de novos conhecimentos continuamente.

Na interação com o professor e com outras crianças, como na brinquedoteca, o indivíduo incorpora novos valores por meio de jogos e brincadeiras. É fundamental que se lhe apresentem situações-problema, cujos desafios mobilizem a atuação de papéis primordiais assumidos pela criança, contribuindo para seu desenvolvimento e aprendizagem.

Quanto aos brinquedos, tanto na escola como em uma brinquedoteca, são considerados instrumentos pedagógicos significativos, porém, para o desenvolvimento da criança, sua importância foi reconhecida apenas recentemente.

Ainda segundo o autor russo, não devemos dizer que os brinquedos são sempre atividades que dão prazer, porque alguns exigem muito esforço e seriedade, com os quais as crianças permanecem atuantes até a conclusão proposta. Contudo, há objetos que nem são considerados brinquedos, mas causam muita alegria e são agradáveis à criança enquanto ela interage com eles. Para o pesquisador, portanto, o que atribui ao brinquedo um papel importante é o fato de preencher uma atividade básica da criança, o interesse, ou seja, um motivo para a ação.

Concordando com Vygotsky, Santos (2000) ressalta que a criança é um ser social e que a apropriação do conhecimento se dá desde o nascimento, isto é, seu desenvolvimento é decorrente dessa aprendizagem. Isso acontece em um espaço e tempo compartilhado com outras pessoas, sendo o brincar sua atividade mais completa, fato constatado pela experiência em creches gaúchas.

Embora até o momento buscamos mostrar a importância das atividades lúdicas voltadas para o desenvolvimento e aprendizagem, é preciso ressaltar que estas são muito importantes quando oferecidas nos mais variados ambientes, não somente no escolar.

É de grande valor o brincar na área da saúde, como na clínica, no consultório e até no hospital. A ludoterapia, os fantoches, a contação de histórias e outros serviços, mesmo o cuidar pela enfermagem por vias lúdicas, têm proporcionado alegria às crianças internadas, ou àquelas que passam por ambulatório em atendimento mais rápido, mas que necessitam de atenção especial, por serem pacientes na fase infantil do desenvolvimento humano.

Há também diversos trabalhos com o brincar e brinquedos na área social. Atualmente, é necessário que um bom condomínio tenha em suas instalações uma brinquedoteca para ficar à disposição das crianças, como também os grandes clubes, com espaços adequados que encantam não só as crianças, mas os familiares também. Nas principais metrópoles, onde o atendimento à infância tem prioridade, estão sendo instaladas diversas brinquedotecas e com pessoal preparado para o atendimento.

1.2 Brincar: um direito?

A atenção à criança vem adquirindo importância crescente nos debates a respeito da política educacional brasileira.

Desde a Constituição de 1988, a situação da infância no Brasil, como cidadania, dignidade e direitos, foi inserida no contexto político e econômico. Consequentemente, a universalização dos direitos da criança da Educação Infantil e do Ensino Fundamental I, destinada a diversos tipos de etnia, sexo, classe social ou religião, passou a ser exigência de uma sociedade democrática.

[Crédito: B. P. Gimenes]

*Pôster em tecido: crianças brincando de escravos de Jó.
Arte a Metro. Salão Negro.
Segunda Semana de Valorização da Infância e Cultura da Paz.
Senado Federal/Brasília, 2009.*

Capítulo 1 - O brincar

Para Pérez-Ramos e Silva (2007), a importância dos seis primeiros anos de vida e a garantia dos direitos da criança deveriam ser assuntos de prioridade pelo governo, como o são por organismos internacionais e organizações da sociedade civil estrangeiras.

No que se refere à atividade lúdica, podemos dizer que essa ferramenta vem sendo reconhecida como fundamental para o processo de aprendizagem na Educação Infantil, sendo uma das mais eficientes formas de atrair o interesse do aluno. No entanto, na prática, nem sempre a brincadeira é levada a sério pelas escolas que atendem crianças pequenas.

Muitas instituições públicas e particulares, porém, embora apresentem um grande acervo de brinquedos, não possuem profissionais aptos para sua utilização. Isso é grave, já que todas as escolas de Educação Infantil, quando regulamentadas, têm conhecimento do direito de brincar das crianças, assegurado por leis constitucionais e pelos Referenciais Curriculares Nacionais para a Educação Infantil (RCNEI). Segundo estes, o brincar é importante por possibilitar o exercício da autonomia e da cooperação nas relações entre as crianças, além de representar um dos eixos dos conteúdos da Educação Infantil. Ou seja, as instituições que trabalham com a faixa etária de zero a seis anos têm por obrigação exercer o brincar como uma atividade fundamental para o desenvolvimento dos educandos.

Os direitos da criança, referentes ao brincar, ao uso do lazer e do esporte, têm sido enunciados a partir da Declaração Universal dos Direitos da Criança, aprovada em 1959. No Brasil, estão garantidos nos principais documentos legais, como na Constituição da República Federativa do Brasil, publicada em 1988, no Estatuto da Criança e do Adolescente (ECA), de 1990, e na Lei de Diretrizes e Bases da Educação Nacional, de 1996 (Idem, 2007).

Demonstrando ainda uma preocupação em garantir o direito do brincar àquelas crianças que estão em condições de tratamento, temos como progresso atual da legislação a Lei Federal nº 11.104, de 21 de março de 2005, que dispõe sobre a obrigatoriedade de instalação de brinquedoteca nas unidades de saúde que ofereçam atendimento pediátrico em regime de internação. Além disso, para que não haja dúvida alguma, define a brinquedoteca como "um espaço provido de brinquedos e jogos educativos, destinado a estimular as crianças e seus acompanhantes a brincar".

A brinquedoteca hospitalar é um espaço com diversos tipos de brinquedos e jogos reservado especialmente para brincar, de modo espontâneo ou dirigido, contribuindo significativamente para o bem-estar da criança hospitalizada.

[Crédito: B. P. Gimenes]

Pôster em tecido, denominado Crianças Brincando. Museu da Infância. Segunda Semana de Valorização da Infância e Cultura da Paz. Senado Federal/Brasília, 2009.

Tal medida possibilitou o retorno da alegria infantil, diminuiu o tempo de restabelecimento da saúde do hospitalizado, além de beneficiar-lhe quanto a seu desenvolvimento e aprendizagem. Essa ação legislativa corrobora a Lei nº 8069/90, conhecida como Estatuto da Criança e do Adolescente (ECA), que também determina atendimento especial a todas as crianças desde o nascimento (Artigo 54). Por fim, como legislação específica e determinante, há a Lei nº 9394/96, conhecida como Lei de Diretrizes e Bases da Educação Nacional (LDB), que dedica vários artigos ressaltando, pela primeira vez no Brasil, a importância desta primeira etapa da vida (Artigos 29 a 31, em especial).

Capítulo 1 - O brincar

[Crédito: B. P. Gimenes]

*Brinquedoteca e apoio pedagógico.
Hospital Infantil Darcy Vargas, São Paulo, 2005.*

As autoras prosseguem analisando sobre a legislação brasileira, que considera a Educação Infantil como instrumento e condição essencial de democratização da sociedade, deixando claro que o brincar é essencial para o desenvolvimento infantil. Isso torna a atividade lúdica uma função importante e com relevância política e educacional.

Os Referenciais Curriculares Nacionais para a Educação Infantil (RCNEI) (Brasil, 1998) colocam o brincar também como um princípio para as atividades da Educação Infantil, contribuindo para o exercício de cidadania, considerando "o direito das crianças a brincar, como forma particular de expressão, pensamento, interação e comunicação infantil" (p. 13). Também destacam que o brincar favorece a autoestima das crianças, por contribuir na interiorização de certos modelos de adulto, obtidos nos diversos segmentos sociais.

Além disso, o documento refere-se aos tipos de brincadeiras, bem como à sua importância, como forma de adquirir conhecimentos: "As brincadeiras de faz de conta, os jogos de construção e aqueles que possuem regras [...] os jogos tradicionais, didáticos, corporais etc., propiciam a ampliação dos conhecimentos infantis por meio da atividade lúdica" (Idem, p. 28).

O povo brasileiro é muito criativo, manifestando-se em várias modalidades expressivas, como a pintura, a escultura, entre outras. Observamos que, atualmente, há maior atenção por parte dos artistas para com a criança, registrando a cultura lúdica infantil em suas obras.

Em Portugal, Carvalho (1998) adaptou diversas brincadeiras típicas portuguesas, transformando-as em bonequinhos de madeira, para comprovar a influência desse país sobre o brincar brasileiro. No Brasil, Henrique Hammler, artista pernambucano, com obras expostas em Londres e Nova York, tem algumas criações no acervo da prefeitura de São Bernardo do Campo (SP), onde reside, sobre brincadeiras infantis. Nessa cidade, ele ministrou um curso gratuito de iniciação à pintura para a comunidade por mais de catorze anos.

[Crédito: B. P. Gimenes]

Brincadeiras infantis: esculturas (Jorge Rua de Carvalho). International Toy Libraries Association (Itla). Lisboa, Portugal, 2002.

Capítulo 1 - O brincar

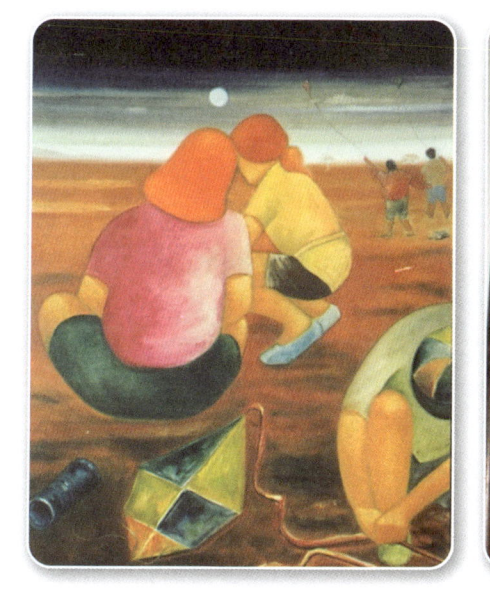

[Créditos: H. Hammler e B. P. Gimenes]

Brincadeiras infantis (Henrique Hammler).
Duas coleções distintas.
São Bernardo do Campo (SP), 1990 e 1998.

Profissionais e escolas buscam meios eficientes de ensinar as crianças e torná-las capazes de abstrair o mundo à sua volta, de serem equilibradas, atenciosas e saudáveis. Porém, não raras vezes, esquecem-se de que o brincar pode ser uma ferramenta para que a criança desenvolva tais qualidades naturalmente.

Nesta perspectiva, concordamos com Pérez-Ramos e Silva (2007), pois percebemos que somente a informação não basta a profissionais, educadores e pais. Consideramos que é preciso também formá-los.

Deve haver capacitação continuada aos educadores em geral, elucidando certos conhecimentos, principalmente sobre o brincar e a infância, mas sem exigências tradicionalistas de restringir o aprendizado infantil a papel e lápis, nem à necessidade de as pessoas, cujo objeto de trabalho é a criança, transcenderem paradigmas mentais para que novos horizontes sejam descobertos, para conduzirem melhor o desenvolvimento de nossas crianças e, consequentemente, de nossa sociedade.

1.3 Sugestões de atividades lúdicas

a. Brincadeira tradicional: CINCO MARIAS (PEDRINHAS)

Origem: De origem pré-histórica, esta brincadeira é também conhecida como jogo do osso, brincadeira dos cinco saquinhos (ou cinco pedrinhas, que devem ser de tamanhos semelhantes), onentes, bato, arriós, telhos, chocos, nécara e outros.

Na Antiguidade, os reis o jogavam com pepitas de ouro, pedras preciosas, marfim ou âmbar. Uma das fontes mais conhecidas decorre de um costume da Grécia e Roma Antigas. Quando alguém desejava consultar os deuses ou tirar a sorte, jogava os ossinhos da pata de carneiro (astrágalos) e observava como caíam. Cada lado do ossinho tinha um nome e um valor e, a partir da soma desses números, a resposta divina era interpretada relativa à pergunta humana realizada. O lado mais liso era chamado *kyon* (valendo um ponto), o menos liso, *coos* (seis pontos); o côncavo, *yption* (três pontos), e o convexo, *pranes* (quatro pontos). Com o tempo, os ossinhos foram substituídos por pedrinhas, sementes e pedaços de telha até chegar aos saquinhos de tecido recheados com areia, grãos ou sementes. Em Portugal, é considerado jogo de raparigas (moças).

Regras: Para brincar, são necessários cinco saquinhos de tecido de aproximadamente 4 cm x 3 cm, com enchimento de areia, farinha, grãos ou as cinco pedrinhas. Cada partida é composta por determinada sequência de jogadas com dificuldade crescente. É um jogo solitário enquanto se aprende a jogar, para depois se tornar grupal e competitivo.

Sequência: Sentado no chão, o jogador deve soltar todos os saquinhos ao chão (ou sobre outra superfície) e pegar um deles sem tocar nos demais. Então joga para o alto o saquinho escolhido, enquanto pega um dos quatro que estão no chão, e, sem encostar a mão nos restantes, segurá-lo na volta, com a mesma mão, antes de cair no chão. Ele deve repetir o processo com os demais saquinhos.

Novamente, ele solta os cinco saquinhos ao chão e escolhe um, sem tocar nos restantes. Deve repetir a etapa anterior, só que agora de dois em dois saquinhos. Então repete o processo, mas, dessa vez, pegando um saquinho e depois os três restantes ao mesmo tempo. Depois solta os saquinhos no chão, escolhe um e joga-o para o alto. Em seguida, pega os restantes de uma só vez, segurando aquele que estava no ar, sem deixar cair nenhum deles.

Na última etapa, o participante joga os cinco saquinhos no chão e pega um sem tocar nos demais. Com a outra mão, forma um túnel por onde deverão ser passados os quatro saquinhos restantes, um de cada vez, enquanto o escolhido estiver lançado ao ar.

Observação: Se o jogador tocar em um dos saquinhos que estiverem no chão, que não seja o escolhido para a execução da jogada, ou deixar algum deles cair da mão, passará a vez para o próximo jogador (Atzingen, 2001; Friedmann, 1996 e 2004; IAC, 1992).

Sugestão de faixa etária: a partir de seis ou sete anos.

Benefícios: Este jogo estimula a coordenação visomotora manual e o raciocínio rápido.

Enfoque multidisciplinar: Estimula a construção da noção de quantidade (Matemática e Educação Estatística), o controle de força, de velocidade e de tempo, fundamentais para a construção do conhecimento físico (Física) e a habilidade manual (Psicomotricidade Fina e Artes Plásticas).

b. Brincadeira tradicional:
AMARELINHA

Origem: É uma brincadeira muito antiga, fazendo parte do folclore brasileiro, mas ninguém sabe onde se começou a jogá-la. Pode ser conhecida também como maré, sapata, avião, academia, macaca, com alguma variação na forma de jogar de acordo com a região. Deriva-se de uma das formas do antigo jogo romano dos odres, em que os competidores saltavam em um pé só sobre sacos feitos de pele de bode untados com azeite.

Amarelinha vem do francês *marelle*, que, por adaptação popular, foi associado à cor amarela com sufixo diminutivo. Para brincar de/na amarelinha, o participante pula sobre um desenho riscado no chão com pedra, caco de telha ou giz. Segundo Civita (1978), é um dos desenhos mais antigos que se conhece e está gravado no chão do Fórum de Roma. Conta-se que, com a expansão do Império Romano, as legiões construíam estradas pavimentadas em pedras, unindo o norte da Europa com o Mediterrâneo e a Ásia Menor, e ensinando a amarelinha às crianças da França, da Alemanha e da Inglaterra.

Seu desenho também pode ter inúmeras variações na distribuição geométrica dos quadrados ou retângulos (forma de cruz, labirinto ou caracol), numerados de um a dez. No topo, fica o céu (lua ou cabeça), em formato oval e, no fim, o inferno (também podem ser invertidos, conforme a tradição cultural transmitida). Para o antropólogo argentino J. Imbelloni, tais gráficos representam templos, comparando a amarelinha ao traçado dos Sephiroth, de acordo com a cosmologia da Cabala.

Regras: Primeiramente, sorteia-se quem vai começar. Cada jogador, então, joga uma pedrinha (pode ser a usada para desenhar o campo), inicialmente na casa de número 1, devendo acertá-la dentro de seus limites. Em seguida, pula, em um pé só, nas casas isoladas (1, 4, 7, 10) e, com ambos, nas

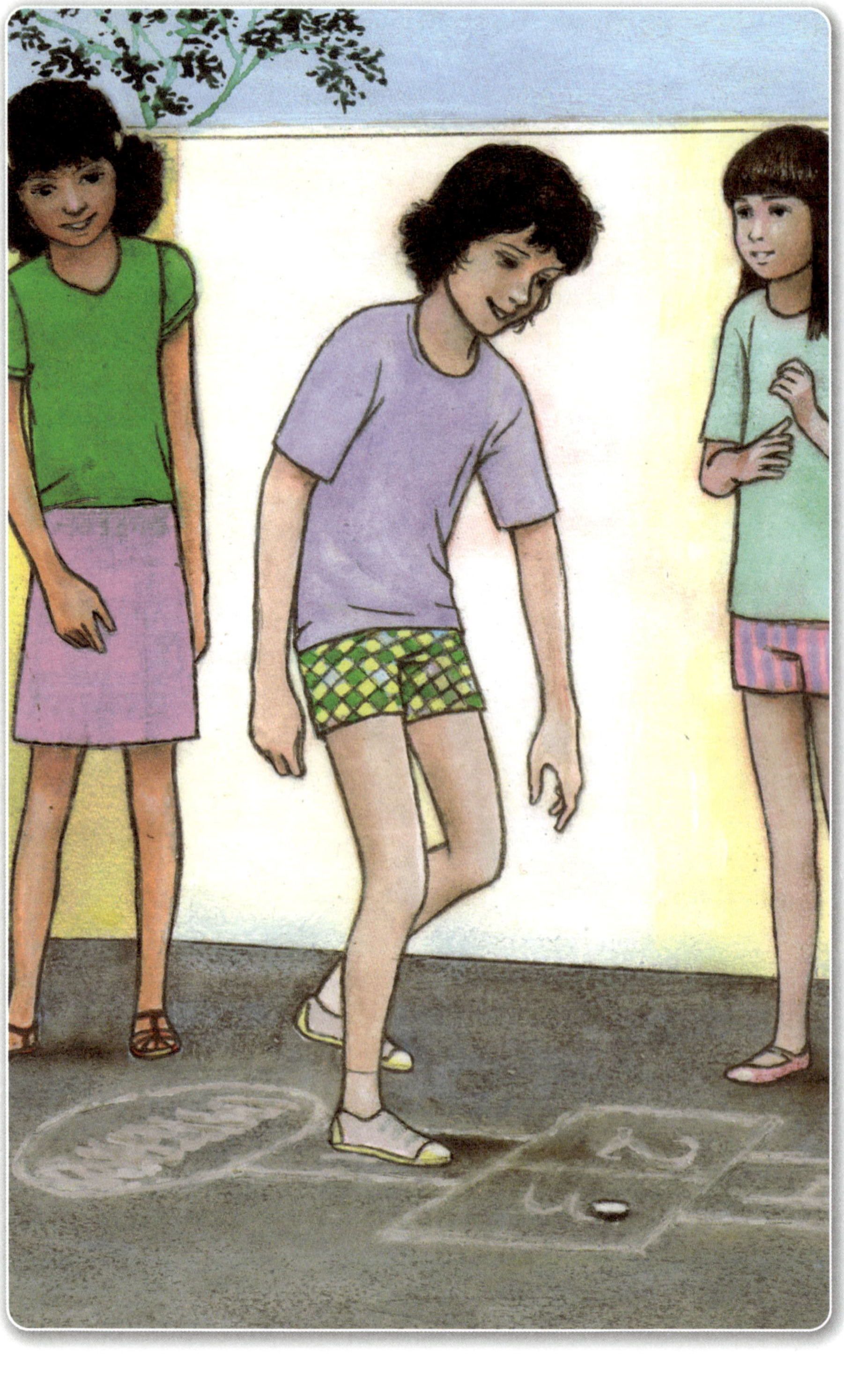

casas duplas (2-3, 5-6, 8-9), evitando a que contém a pedrinha. Chegando ao céu, ele pisa com os dois pés e retorna pulando da mesma forma até as casas 2-3, de onde precisa apanhar a pedrinha do chão, sem perder o equilíbrio. Em seguida, volta pulando ao ponto de partida.

Se não cometer erros, o jogador joga a pedrinha na casa 2 e sucessivas, repetindo todo o processo. Caso perca o equilíbrio, colocando a mão no chão ou pisando fora dos limites da casa determinada, passa a vez para o próximo, recomeçando do ponto em que errou, até chegar sua vez novamente. Ganha o jogo quem primeiro alcançar o céu.

Sugestão de faixa etária: A partir de quatro anos.

Benefícios: A brincadeira constitui-se em um jogo de exercício global e de regras também, pois estimula na criança a construção da noção de quantidade e percepção visual numérica; desenvolve a noção de ordem e espaço e estimula o controle tônico, por meio da habilidade de equilíbrio corporal ao se posicionar, deslocar-se e agachar-se sobre um pé só.

Enfoque multidisciplinar: Colabora na introdução do conhecimento sobre numerais e sequência numérica (Conjuntos em Matemática), no desenvolvimento da motricidade ampla ou global (Psicomotricidade) e na consciência e prática de regras de socialização e segurança psíquica (Psicologia e Psicanálise).

c. Jogo simbólico:
BONECA

Origem: Em muitas culturas, a brincadeira de boneca é associada às meninas; no entanto, existem versões de bonecos direcionados aos garotos, permanecendo em ambos os tipos a forma humanizada. As bonecas, e suas variantes masculinas, diferenciam-se de outros tipos que representam diversas formas de vida, como animais do mundo real, da fantasia, da literatura, do cinema ou do imaginário popular.

Sabe-se que, há pelo menos três mil anos, esses objetos lúdicos fazem sucesso tanto no Ocidente quanto no Oriente, que representam seres humanos com feições cada vez mais meigas. Geralmente, lembram a infância e estão presentes nas brincadeiras de crianças de lugares distantes e diferentes, sendo conhecidas como *ningyô, bubba, panpina, ninot* e boneca, em português.

Como brincar: Estes são brinquedos simbólicos, de brincadeiras de faz de conta, em que as regras são implícitas, pois a criança brinca a sua maneira, de modo personalizado, segundo os valores projetados pelo meio e introjetados pelo sujeito desde o nascimento.

Sugestão de faixa etária: A partir de três meses.

Benefícios: Promove o desenvolvimento do afeto do bebê como elemento vincular, ou seja, representando o elemento humano presente (pelos mecanismos de projeção e introjeção, assemelha-se à criança nos braços do adulto). Contribui na formação da identidade e da autoimagem, segundo o mundo social do adulto. Estimula a noção de maternidade e paternidade em meninas e meninos.

Capítulo 1 - O brincar

Enfoque multidisciplinar: Os bonecos podem ser usados como instrumentos para a aprendizagem das partes do corpo (Esquema Corporal – Psicomotricidade) e na abordagem de temas sobre a permanência de gênero (Psicologia e Psicanálise). Além disso, pode-se desenhá-los e confeccioná-los à própria imagem (Artes Plásticas e Psicomotricidade Fina).

d. Jogo de regras:
FUTEBOL DE BOTÕES

Origem: O jogo de futebol moderno teve sua origem na Inglaterra, mas o futebol de botões é nacional. De acordo com pesquisas, o futebol de botões foi inventado em 1930, pelo brasileiro Geraldo Décourt. É um jogo semelhante ao futebol praticado em campo, com botões apropriados, que, de certa forma, representam os jogadores, e são movidos com o auxílio de uma palheta. Pode ser praticado como um passatempo, ou também como um esporte reconhecido oficialmente, sendo, nesta última condição, denominado futebol de mesa.

Regras: Estas são semelhantes às usadas no futebol de campo, empregando-se botões ou tampinhas de garrafa, e negociáveis obviamente. Podem-se combinar, por exemplo, três toques para cada jogador, sendo o último obrigatoriamente o chute a gol.

Essas normas são conhecidas popularmente como regra carioca. Disputada nos Estados de Minas Gerais, Rio de Janeiro, Goiás, São Paulo, Pernambuco, Amazonas e no Distrito Federal, é considerada a mais difícil para adaptação e aprendizado, por conter basicamente todas as regras do futebol de campo, como: impedimento, sobrepasso, tiro livre, entre outras. O tempo de duração de cada partida é de 50 minutos (dois tempos de 25 minutos, com intervalo de 5).

Sugestão de faixa etária: A partir de seis ou sete anos.

Benefícios: Estimula a coordenação visomotora manual, desenvolve habilidade psicomotora fina o raciocínio lógico (estratégico) e o controle de força e velocidade.

Capítulo 1 - O brincar

Enfoque multidisciplinar: O jogo favorece a construção de noção espacial e ordem (Matemática), a formação de limites e regras (Psicologia e Socialização), além de poder ser usado em aulas de História, associando ações, hierarquia e equipe.

e. Jogo simbólico:
CASINHA

Origem: Essa brincadeira de faz de conta, também conhecida como brincar de mamãe, fazer comidinha ou dona de casa, existe há muitas gerações em várias etnias e classes sociais. Esta atividade lúdica sugere subliminarmente certo tipo de restrição do espaço: como acolhimento (teto, abrigo), descanso (ninho, berço) e propriedade (minha casa) (Carvalho; Pedrosa, 2003). Há também a manifestação do aspecto social: pela interpretação de papéis (mamãe, filhinha etc.), em hierarquia (relação de poder/submissão) e em sistemas interativos (vínculos e relacionamentos).

Como brincar: Geralmente, a brincadeira é delimitada em um espaço próprio e pessoal das crianças: um cantinho de uma sala, sob algum móvel isolado, ou debaixo de um lençol ou coberta (cabana), ou dentro de uma caixa de papelão grande. Daí, algumas mobílias e utensílios são estruturados, sendo muito comuns a cozinha e o quarto (nutrição e segurança).

Esta brincadeira pode ser desenvolvida solitariamente, quando a criança forma a sua família com as bonecas ou bichos de tecido, ou em grupo, cujos papéis sociais são atuados e podem ser invertidos em um mesmo período da atividade lúdica (ora uma criança é mamãe e a outra é filha, ora a primeira passa a ser a filha, a segunda, a mãe, por exemplo).

Sugestão de faixa etária: A partir de dois ou três anos.

Benefícios: Auxilia na formação da identidade, pela interpretação de papéis, e na catarse de conteúdo psíquico, ou seja, a energia interna contida pela criança, que lhe é difícil de elaborar durante a convivência familiar, pode ser liberada quando ela interpreta papéis sob os quais vive subjugada no dia a dia (de estado passivo, passa a um estado ativo), entre outros fatores.

Enfoque multidisciplinar: Estimula a estruturação de aspectos internos simbólicos e de imitação (Psicologia do Desenvolvimento); a formação da noção de espaço, relação e hierarquia: dentro/fora, conter/contido, etc. (Relação de Conjuntos – Matemática), e a iniciação gráfica, desenho da figura humana e da família (Artes Plásticas).

f. Brincadeira tradicional: CORDA

Origem: Pular ou saltar corda é uma brincadeira tradicional que envolve intensa atividade física e coordenação motora. Tais características remontam desde a Roma Antiga, em diversas competições. Estas fizeram da recreação um desporto, às vezes conhecido pelo nome em inglês, *rope skipping,* que não consiste apenas em pular corda, mas também em executar uma série de saltos, acrobacias, manejos com a corda, buscando a sincronia dos saltadores com uma música em execução, por exemplo.

Como brincar: Há diversas formas de se divertir com a corda em lugar amplo, livre e arejado. Individualmente, ao segurar as extremidades de um pedaço de corda, os participantes movimentam-na sobre o corpo girando na vertical, pulando-a quando passar sob os pés. Em grupo, há muitas variedades lúdicas:

• **Cabo de guerra:** As crianças são colocadas em duas filas opostas, frente a frente, segurando uma corda. Em seguida, é traçada uma linha perpendicular no ponto em que as filas quase se tocam e outra, a 2 metros do último de cada fila, como linha da vitória. Dado o sinal, os competidores puxam a corda, esforçando-se para arrastar os adversários até a marca da vitória. Vence o grupo que conseguir se manter antes da linha central.

• **Pular corda:** Duas crianças seguram nas extremidades da corda, fazendo-a girar. Em seguida, convidam as demais com cantigas, como:

Batalhão-lhão-lhão
Quem não entra é um bobão!
Abacaxi-xi-xi,
Quem não sai é um saci!

Capítulo 1 - O brincar

*Quem é?
É o padeiro.
O que quer?
Dinheiro.*

*Abacaxi-xi-xi
Quem não entra é um saci!
Beterraba-raba-raba,
Quem não sair é uma diaba!*

Pode entrar
Que eu vou buscar
O seu dinheiro
Lá debaixo do travesseiro
Na cama de solteiro...
1, 2, 3!

• **Foguinho:** Duas crianças batem uma corda (5 metros) rapidamente, e as demais pulam.

• **Chicote queimado:** Inicialmente, faz-se uma roda. Um participante no centro dela arrasta um pedaço de corda pelo chão, enquanto os outros saltam para não serem pegos (queimados) por ela. Podem ser duas crianças com duas cordas girando simultaneamente (Rocha, 2003; Vialles, 2001).

Sugestão de faixa etária: A partir de cinco ou seis anos (individualmente) e dos seis ou sete (em grupo).

Benefícios: Se for praticado individualmente, torna-se um jogo de exercício que promove a coordenação motora global ou ampla, desenvolvendo a tonicidade muscular, o equilíbrio postural, a agilidade, a destreza e a força, a partir das constantes alternâncias entre paradas e movimentos físicos (Psicomotricidade).

Enfoque multidisciplinar: A partir da atividade em grupo, o exercício de pular corda promove a socialização, ocasionando autoconfiança e autoestima construídas diante dos desafios superados, firmando a personalidade (Psicologia e Psicanálise).

g. Jogo de regras: BOLINHAS DE GUDE

Origem: Conhecidas como fubecas, as bolinhas de gude eram muito populares entre os povos primitivos, que as confeccionavam com pedra, argila, madeira ou osso de carneiro. Gude foi o nome dado às pedrinhas redondas e lisas encontradas nos leitos dos rios. As mais comuns são de barro e as mais requintadas, de vidro, ágata ou mármore (*marble*, em inglês).

Na Grécia Antiga, as crianças jogavam com castanhas e azeitonas, e em Roma, com nozes e avelãs. Havia as confeccionadas em pedras semipreciosas, obtidas em um túmulo de criança egípcia, de 3000 a. C., como também, em Creta, feitas de jade e ágata, datadas de 1450 a.C.

Posteriormente, na França, as bolinhas ficaram grossas, sendo feitas de madeira ou metal. No entanto, somente a partir do século XVIII, assumiram o formato arredondado.

Como brincar: Há diversas formas de desenvolver a brincadeira, sendo as mais conhecidas quando as bolinhas são jogadas em cavidades (três covinhas) feitas na terra. De maneira geral, projetam-se as fubecas por meio de uma delas, que é presa entre o polegar e o indicador e lançada sobre as outras pela distensão rápida do polegar, que a propulsiona para frente. Pode-se conquistar ou perder posições, e também ganhar e perder bolinhas. Vence quem conseguir as melhores posições e o maior número de fubecas, por meio das melhores jogadas.

Sugestão de faixa etária: A partir de seis ou sete anos, em dupla. Individualmente, para aprendizado.

Benefícios: É um jogo de exercício que promove a coordenação visomotora manual (pinça – polegar e indicador), desenvolvendo o controle de força e velocidade, agilidade e destreza manual (Psicomotricidade Fina). Em grupo, auxilia como jogo de regras.

Enfoque multidisciplinar: Com a atividade em grupo, o jogo promove a socialização, pela autoconfiança e pelo respeito a regras (Psicologia e Psicanálise). Também colabora na construção de noções de inclusão, interseção e exclusão de conjuntos, contagem e cálculo (Matemática).

h. Brincadeira tradicional: RODA

Origem: As cantigas de roda, cirandas ou brincadeiras de roda são as atividades lúdicas infantis mais conhecidas no Brasil. De origem europeia, mais especificamente de Portugal e da Espanha, são de extrema importância para a cultura de um país, pois, por meio delas, conhecem-se os costumes, o cotidiano, as festas típicas, as comidas, as brincadeiras, as paisagens, as crenças e os valores de uma sociedade. Acredita-se que provêm de músicas modificadas de autores populares, das tradições orais de inúmeras culturas ou surgidas anonimamente. No Brasil, fazem parte de nosso folclore, dos elementos das culturas africanas, europeia (principalmente portuguesa e espanhola), indígena e outras. A autoria é coletiva e passada de geração a geração.

Como brincar: As crianças formam uma roda de mãos dadas e cantam melodias folclóricas, com a execução ou não de coreografias acerca da letra da música, constituindo uma grande expressão folclórica. Atreladas ao ato de brincar, as brincadeiras consistem em formar um grupo com crianças (ou adultos), dar as mãos e cantar uma música com características próprias, cuja melodia e ritmo são limpos e rápidos, de imediata assimilação. As letras são de fácil compreensão, expressando um conteúdo equivalente à cultura local, com temas referentes à realidade do brincante ou a seu imaginário. A seguir, estão alguns exemplos dessas cantigas:

Capelinha de melão
É de São João,
É de cravo,
É de rosa,
É de manjericão.

São João está dormindo,
Não acorda, não.
Acordai,
Acordai,
Acordai, João!

****

Caranguejo não é peixe,
Caranguejo peixe é,
Caranguejo só é peixe
Na enchente da maré.
Palma, palma, palma,
Pé, pé, pé,
Roda, roda, roda,
Caranguejo peixe é!

****

Ciranda, cirandinha,
Vamos todos cirandar,
Vamos dar a meia-volta,
Volta e meia vamos dar.
O anel que tu me deste
Era vidro e se quebrou,
O amor que tu me tinhas
Era pouco e se acabou.
Por isso, sr. fulano,
Entre dentro dessa roda,
Diga um verso bem bonito,
Diga adeus e vá-se embora.
A ciranda tem três filhas,
Todas três por batizar,
A mais velha delas todas
Ciranda se vai chamar...

Sugestão de faixa etária: A partir de três anos.

Benefícios: Como as melodias são singelas, tornam-se, primeiramente, um jogo de exercício, que habilita as crianças para o canto e desenvolve o alinhamento postural. Favorecem na socialização, por ser grupal; pelas mãos unidas, incentivam a afetividade e a inclusão social. Portanto, a brincadeira participa na formação da personalidade infantil, na espontaneidade e na criatividade pela convivência com os semelhantes.

Enfoque multidisciplinar: Além de ser utilizado na reprodução escrita, na leitura e na ortografia (Língua Portuguesa), o conteúdo das cantigas pode ser empregado como momentos de lazer entre os intervalos de aulas, como harmonização mental, antecipando uma atividade de concentração cujo conteúdo possa envolver temas teóricos de várias áreas do saber (Geografia, História ou Ciências Naturais), como descontração após atividade física (Educação Física) e até antes da saída da escola, pois renova psiquicamente.

i. Brincadeira tradicional: LENÇO ATRÁS

Origem: Acredita-se que a brincadeira seja de tradição oral, introduzida no Brasil pelos portugueses. É também conhecida como corre cotia, lencinho, lencinho branco, lenço na mão, entre outras variações.

Como brincar: Os participantes (quatro crianças ou mais) são dispostos em círculo, voltados para o centro, e ligeiramente afastados uns dos outros. Escolhe-se uma criança que permanecerá fora da roda e segurará o lenço. Após o grupo determinar o início da brincadeira, quem tem o lenço corre em volta da roda, enquanto as demais, de olhos fechados, cantam:

Corre, cotia,
Na casa da tia,
Corre, cipó,
Na casa da vó,
Lencinho na mão,
Caiu no chão,
Moça bonita
Do meu coração.
Posso jogar? (a de fora)
Pode!

Ao ser autorizada, a criança de fora do círculo deixa cair o lenço atrás de uma delas, que, ao perceber, deverá pegá-lo e correr atrás de quem o jogou, antes que ocupe seu lugar. Se a perseguida for presa, ficará *choca*, no centro do círculo, ou seja, agachada. Quem estiver com o lenço repetirá o processo. A criança na chocadeira só sairá dessa situação quando for substituída por outro participante. O jogo termina quando se repetir a primeira criança da brincadeira.

Capítulo 1 - O brincar

Sugestão de faixa etária: A partir de três ou quatro anos.

Benefícios: É um jogo de exercício postural e também de regras. No aspecto psicológico contribui tanto para a espontaneidade, como para a contenção da emoção, a fim de o grupo não perceber quando o lenço cai. No âmbito social, propicia a convivência entre os colegas (interação) e o respeito a regras (submeter-se a ordens de consenso de todos).

Enfoque multidisciplinar: Assim como na brincadeira de roda, a atividade também auxilia na noção de espaço, tempo e memória, observados pela percepção auditiva (Psicomotricidade), na noção de velocidade e na agilidade física (Educação Física).

j. Brincadeira tradicional:
PASSA-ANEL

Origem: Acreditamos que esta atividade foi perpetuada por meio da tradição oral, de influência portuguesa. É uma atividade antiga, que não requer movimento e nenhuma noção de canto, realizada com muitas crianças, sentadas em roda ou na beira da calçada ou muretas. Nas décadas de 1940 e 1950, foi muito utilizada nos encontros em famílias ou festas nas quais as crianças se divertiam sem causar perturbação aos adultos e, principalmente, sem sujar a roupa. Nessa época, as meninas usavam vestidos rodados e engomados, e os garotos trajavam roupas de marinheiro com gravata.

Como brincar: Em primeiro lugar, faz-se necessário um anel, ou algum objeto pequeno (como pedrinha, moeda etc.). Geralmente, as crianças ficam sentadas à beira da calçada, mas podem formar uma roda. Em seguida, escolhe-se quem será o passador do anel, que vai manter as mãos fechadas, enquanto as demais se sentam, com as mãos em posição idêntica, mas sobre o colo. Quem tem o anel vai passando, fingindo que o deposita nas mãos de cada criança. Em determinado momento, ele escolhe uma delas, entregando-lhe o anel nas mãos, sem que as demais percebam. É comum o passador ir recitando: "O anel vai entre as mãos, ele cairá ou não!"[2]

Após fechar o circuito, o passador afasta-se e sopra as mãos, afirmando que o anel desapareceu. Então escolhe uma criança para ser o adivinhador e lhe pergunta: "Com quem está o anel?" Se o adivinhador acertar, ele será o próximo passador, repetindo o processo. Se o escolhido errar, deverá realizar uma tarefa apontada por quem estava com o anel.

---

[2] Para mais informações, acessar os *sites*: http://www.qdivertido.com.br e http://www.faberludens.com.br.

Capítulo 1 - O brincar

Sugestão de faixa etária: A partir de quatro anos (no mínimo).

Benefícios: Essa atividade propicia o desenvolvimento da simulação, ou seja, a inibição das emoções reais, dissimulando-as com a serenidade facial e corporal, tanto para o passador, como para quem recebe o anel. Entre as demais crianças, estimula o ato de observar e inferir. Por ser um jogo de regras, auxilia na socialização, no respeito às normas, no gosto pela descoberta, no desenvolvimento do desempenho referido, no fortalecimento da paciência, entre outros benefícios.

Enfoque multidisciplinar: A atividade é indicada antes da introdução de um assunto teórico, em que a cada rodada se pode trocar de objeto e, ao final, abordar sobre determinado tema, por exemplo, uma formiga plástica (Ciências Naturais).

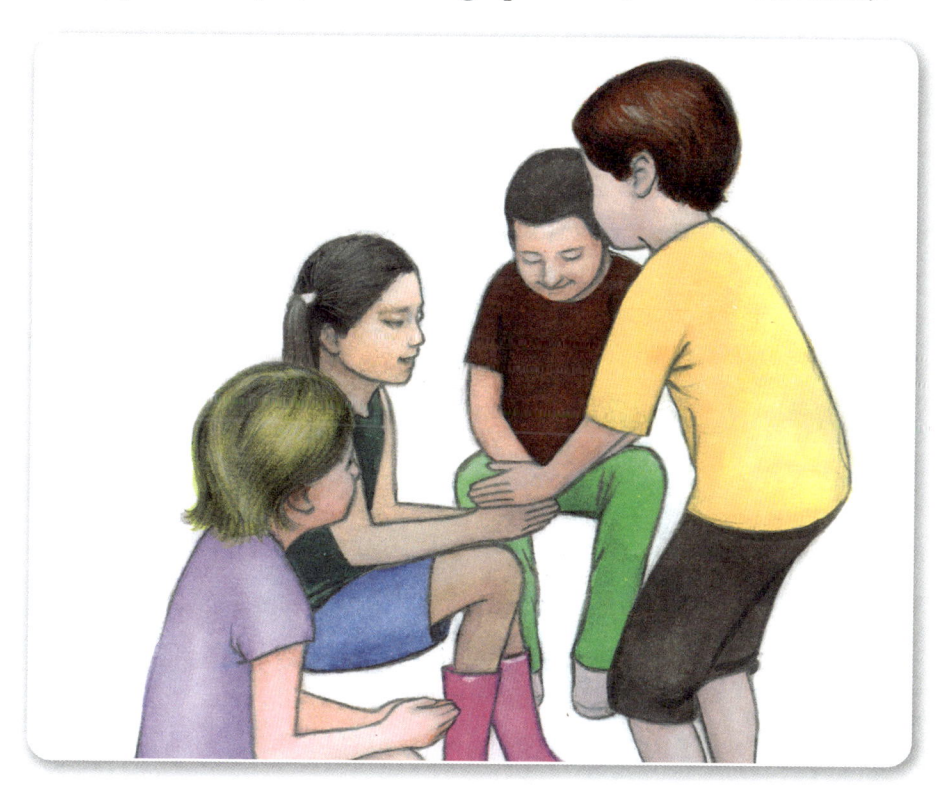

k. Brincadeira tradicional: BATATA QUENTE

Origem: Embora não se saiba ao certo sua origem, há registros desta brincadeira desde o final do século XIX. Ao longo dos anos, foram surgindo objetos como o *Spudsie*, que possui um *timer* interno com contagem regressiva que ativa uma função sonora indicando o fim da música, e também o *Shockball*, que dá choque ao fim de determinado tempo.

Como brincar: Um dos participantes recebe um objeto (bola por exemplo) e passa para outra pessoa o mais rápido possível. O grupo fica em círculo, sentado ou em pé. Uma criança fica fora da roda, de costas ou com os olhos vendados, dizendo: "Batata quente, quente, quente... queimou!" Enquanto isso, as demais vão passando a bola de mão em mão, até ouvir a palavra queimou. Quem estiver com a bola nesse momento sai da roda. Ganha o último que restar. Uma opção é pedir que as crianças alterem o ritmo com que dizem a frase. As que estão na roda têm de passar a bola de mão em mão mais rápido ou devagar, conforme o ritmo da fala.

Sugestão de faixa etária: A partir de quatro ou cinco anos.

Benefícios: É um jogo de exercício (pois estimula a coordenação motora dos braços, associada à fala e à agilidade), e também de regras, pois em grupo promove a interação social e a sincronia de ação, pela cooperação. Nos mais velhos, incentiva a noção de equipe.

Enfoque multidisciplinar: A atividade pode ser ministrada na aula de Música, para o preparo e noção de ritmo. No início de uma aula de Ciências, cujo objeto (uma concha de molusco do mar, por exemplo) esteja inserido em muitas caixas de menor tamanho e, a cada pausa, retira-se a maior, para saber sobre o

Capítulo 1 - O brincar

tema a ser abordado. Também é indicada sua aplicação no fim de um curso, premiando todos os que pararam antes do final, em vez de puni-los, o que será surpreendente e muito divertido.

1. Brincadeira tradicional:
MORTO-VIVO

Origem: Acredita-se que esta atividade foi perpetuada por meio da tradição oral. Também é uma brincadeira cuja origem é desconhecida. Todavia, deve ter-se iniciado para distrair as crianças quando reunidas por um adulto ou alguém mais velho, promovendo a diversão e sem causar a dispersão delas. Lembramo-nos de quantas vezes a prima mais velha assim se divertia, conosco, quando tinha de "olhar" (cuidar) os pirralhos enquanto as mães conversavam e tomavam o café da tarde?

Como brincar: O condutor vai dispor as crianças enfileiradas na horizontal. Cada vez que ele falar "morto", elas se agacham e, quando falar "vivo", todas se levantam. O condutor falará cada vez mais rápido, repetindo a palavra ou alternando outras, para que as crianças se confundam. Quem errar sairá da brincadeira, até restar apenas o vencedor. Depois a brincadeira recomeça. É também semelhante ao brincar de soldado de chumbo/boneca de pano.

Variação: Também é possível ser um jogo em que uma das crianças assumirá a posição de perseguido, e as demais se espalham, podendo se esconder para capturá-lo. Quando o perseguido vê alguém se aproximar para prendê-lo, grita: "morto", o que obriga o perseguidor a se deitar no chão. Ele permanece nessa posição até o perseguido se afastar e gritar "vivo", permitindo que se levante. Quem o capturar sem tempo de gritar outra palavra será o novo perseguido.

Sugestão de faixa etária: A partir de quatro anos.

Benefícios: A brincadeira promove o desenvolvimento da atenção, da percepção auditiva e dos reflexos rápidos, aprimorando a agilidade física, a coordenação motora global como jogo de exercício e submissão a regras, como jogo de regras (Psicologia).

Enfoque multidisciplinar: Esta atividade pode ser usada como exercício de aquecimento (Educação Física), na saída da escola ou após o término de alguma atividade que exigiu muita concentração (Psicologia). Pode ser empregada também para abordar o conceito de vida e morte (Ciências Naturais), a partir dos cinco anos.

> **m. Brincadeira tradicional:**
> **ESTÁTUA**

Origem: Acredita-se que esta atividade foi perpetuada por meio da tradição oral. Segundo as pessoas cuja infância se estendeu de 1930-1940 em diante, brincar de estátua é contemporânea à brincadeira do morto-vivo, em que há a possibilidade de brincar e controlar as crianças em turmas grandes.

Como brincar: A criança escolhida fica de costas para as demais, e estas diante de uma linha, distantes cerca de dez metros. Rapidamente, o condutor contará até um número inferior a dez, enquanto as outras avançam até ele. De repente, ele interrompe a contagem e se volta para os colegas, que deverão se tornar estátuas; porém, se alguém se movimentar, este deverá retroceder para a linha inicial. Novamente, o condutor faz nova contagem, e os demais avançam até ele do ponto de onde estavam. Quem o tocar primeiro ficará em seu lugar, e a brincadeira reinicia-se.

Variação: Também é possível usar a atividade em uma brincadeira de roda, em que uma criança permanece do lado de fora da roda e de costas para o grupo. Em determinado momento, os participantes gritarão: "estátua"; ao ouvir esse comando, o grupo deverá interromper os movimentos, tornando-se estátuas. Quem se mover vai para fora da roda, ajudando depois como juiz. Ganha quem ficar imóvel até o fim da brincadeira.

Sugestão de faixa etária: A partir de quatro anos.

Benefícios: A brincadeira promove o desenvolvimento da atenção e da percepção auditiva e o autocontrole dos reflexos rápidos, aprimorando a agilidade física, como jogo de exercício, e submissão a regras, como jogo de regras (Psicologia).

Enfoque multidisciplinar: A atividade pode ser usada em sala de aula da mesma forma que a brincadeira anterior. Por estimular o conhecimento das partes do corpo, promove a noção de esquema corporal: mexer os ombros, os joelhos, a cabeça, entre outros membros (Psicomotricidade). Também é possível desenhar a posição da estátua que o condutor escolher, ou todos imitarem a pessoa escolhida (Artes Plásticas e Cênicas).

n. Brincadeira tradicional: CABRA-CEGA

Origem: Embora atualmente seja uma brincadeira de criança, a cabra-cega era popular entre os romanos no século 3º a.C., em que era chamada de *musca aena*. Na Idade Média, era praticada como um passatempo palaciano. Graças à popularidade em Portugal e na Espanha, tornou-se muito difundida na América.

Como brincar: Para essa brincadeira, são necessárias no mínimo três crianças. Um dos participantes deve ser a cabra-cega e ter os olhos vendados com um lenço. É importante definir o espaço onde se desenvolverá a brincadeira, pois, se a área for muito grande, quem estiver vendado não vai conseguir achar ninguém. Todos devem tentar fugir, pois o objetivo da cabra-cega é pegar alguém e adivinhar quem é essa pessoa. Enquanto a brincadeira acontece, os participantes fazem um jogo de perguntas e respostas à criança vendada, o que a ajudará na localização dos demais. Caso ela acerte o nome da pessoa, esta será a nova cabra-cega.

Sugestão de faixa etária: A partir de seis anos.

Benefícios: A atividade estimula a memória auditiva e espacial durante a busca e, ao tocar, a memória tátil.

Enfoque multidisciplinar: Essa brincadeira pode ser usada em estudos sobre os sentidos, as memórias (Ciências Naturais) e a socialização (Psicologia).

Capítulo 1 - O brincar

o. Recreação:
AREIA (ÁGUA, ARGILA)

Origem: A brincadeira com areia, água e argila é benéfica para todas as crianças em quaisquer faixas etárias, bem como fazer bolinhos de terra no quintal, pois, além de ser prazerosa e criativa, essa manipulação controla os impulsos agressivos excedentes. Essas atividades são utilizadas em psicoterapias clínicas, principalmente na linha analítica junguiana. Todavia, desde a Antiguidade, sabe-se do uso dos elementos naturais e seus benefícios em termas, como banhos e massagens terapêuticas para adultos.

Como brincar: Deve-se levar a criança a um local que tenha areia tratada e água próxima, pois o contato com ambas é muito favorável nas ações de como cobrir, descobrir, repartir, juntar, moldar, modelar e outros. É preciso tomar cuidado para que os menores não coloquem areia na boca nem nos olhos, pois os microcristais presentes nela promovem cortes ou sufoco respiratório, daí estarem sob vigilância constante de um adulto. Podem ser associados outros elementos, como galhos secos, pedrinhas e folhas, cujos aromas, cores, formas e texturas distintas estimulam todos os sentidos.

Sugestão de faixa etária: A partir de dois anos (sob a supervisão de um adulto).

Benefícios: As brincadeiras podem ter um efeito tranquilizador na criança, pois a ajudará a se acalmar, a concentrar-se, a controlar o material enquanto manipula, criando diversas formas. Em especial entre os menores de seis anos, possibilita-lhes a desvendar o universo à sua volta, pois as atividades sensório-motoras são percebidas mais amplamente, em contrapartida com aquelas tão intensas e cada vez mais precoces da comunicação visual (por meio de TV, *videogame*, computador, entre outros meios de entretenimento).

Enfoque multidisciplinar: Com os primeiros passos, os bebês iniciam a descentralização mais intensamente, característica manifesta do período egocêntrico em que nasceram, e interagem com o meio, explorando-o (Psicologia). Entre os quatro e seis anos, eles constroem pontes, esculturas, moldam objetos, fazem maquetes, simbolizando de maneira prática as fantasias interiores, sem o contexto restrito (bidimensional) do papel.

p. Jogo simbólico:
CARRINHOS

Origem: Sabe-se sobre carrinhos desde a década de 1940, quando bancos norte-americanos encomendaram miniaturas de carros, como o Cadillac e o Ford, para dar de brinde aos clientes que abriam cadernetas de poupança. A produção em massa dessas miniaturas se tornou uma atração para as crianças, que tinham à disposição objetos próprios do mundo dos adultos. Primeiramente, os carrinhos eram confeccionados de madeira, depois de plástico, movidos com rodinhas de fricção ou a pilha. Hoje podem ser feitos de diversos materiais, inclusive de sucata. As miniaturas tornaram-se populares há pouco tempo, pois o automóvel de verdade é uma invenção mais ou menos recente. Mesmo assim, já fazem parte das brincadeiras de meninos e meninas do mundo todo.

Vale citar que carrinhos, caixinhas de ferramentas e *kits* de cozinha costumam ser os brinquedos preferidos das crianças, porque lhes permitem imitar o mundo dos adultos. Dessa forma, elas se preparam para enfrentar situações que, um dia, serão parte do cotidiano.

Como brincar: Cada criança brinca com o carrinho de acordo com sua imaginação ou suas necessidades psíquicas. Por ser um brinquedo de faz de conta, permite o jogo simbólico e a imitação.

Sugestão de faixa etária: A partir de oito meses, considerando características como material resistente, de formas arredondadas e tamanho grande.

Benefícios: Ao interagir com o brinquedo, identificando-se com ele (se ela possuir tendência cinestésica), a criança sente-se próxima da realidade dos adultos, quando os imita, treinando para a vida adulta.

Enfoque multidisciplinar: Os carrinhos podem ser usados como recursos para o ensino de cores, formas, texturas, tamanho, velocidade, som, classificando-os em categorias (Pensamento Lógico). Também é possível montar maquetes para abordar noções de educação sobre trânsito entre as crianças.

q. Jogo de regras:
PERCURSO

Origem: Os jogos de percurso apresentam tabuleiros com uma sequência de espaços, em que cada competidor deve percorrer com seu pino representativo. Assim, há jogos milenares, como o jogo do ganso, e até mesmo o do caracol desenhado, representado o corpo do caramujo.

Regras: Em geral, nesses jogos, usa-se o dado indicando quantas casas cada participante deverá andar, adiante ou retroceder, conforme o acaso (sorte) e dependendo das regras do jogo.

Jogo do caramujo: Dá início ao jogo o participante que obtiver o maior número na jogada com o dado. Em seguida, ele deverá colocar o pino na casa numérica correspondente ao número obtido em sua jogada de dado, passando a vez ao próximo jogador. Ganha o jogo quem percorrer todos os espaços com seu pino, chegando ao fim do caminho (centro).

Sugestão de faixa etária: A partir de cinco ou seis anos.

Benefícios: Pode ser utilizado na construção da noção espaço-temporal, propiciando às crianças noções de submissão a regras, bem como ao acaso (sorte), elaborando a frustração dos atos de perder e ganhar.

Enfoque multidisciplinar: O jogo é facilitador na construção de sequência numérica, ordem, contagem, adição (ir adiante) e subtração (retroceder) (Matemática), na elaboração do jogo (Artes Plásticas), em pesquisas sobre o molusco (Ciências Naturais) e com noções de regras, perdas e frustração (Psicologia).

r. Brincadeira tradicional: ESCRAVOS DE JÓ

Origem: Segundo especialistas em folclore, mesmo após anos de estudos, a origem desta atividade é duvidosa. Analisando a letra da canção, podemos concluir que ela foi alterada ao longo das gerações. Há deduções diversas sobre os trechos da parlenda. Sobre Jó, sabe-se que foi um personagem bíblico muito paciente que, testado por Satanás, perdeu todos os bens, mas não se desequilibrou emocionalmente; porém, sabe-se que nunca teve escravos. A respeito do termo caxangá, não conhecemos nenhum jogo com esse nome, podendo ser de origem Tupi, *caa çanga*, com provável significado de reunião de rezadores. De acordo com a tradição popular, essa cantiga é originária de soldados espartanos em guerra. Também se desconhece o significado de "zampelê", também cantada em algumas regiões como Zé Pereira. Contudo, a forma mais utilizada desde as escolas infantis aos encontros de capacitação empresarial, atualmente, é a variação que descrevemos a seguir.

Como brincar: Essa brincadeira pode ser feita em duplas, em que cada participante canta e bate palmas com o parceiro ritmicamente, ou em grupos de crianças, adolescentes e adultos. Sentados em roda, os participantes devem ter um objeto à mão (por exemplo, caixa de fósforo, copo ou pedra). Enquanto cantam, vão passando o objeto para o colega da direita, fazendo movimentos rítmicos, conforme a letra:

Escravos de Jó,
Jogavam caxangá,
Tira, põe, deixa o zampelê ficar,
Guerreiros com guerreiros fazem zigue-zigue-zá...

Capítulo 1 - O brincar

Variação:
Escravos de Jó
Jogavam caxangá (passam o objeto para o colega da direita)
Tira (levantam o objeto)
Põe (põem-no na frente)
Deixa ficar (apontam para o objeto)
Guerreiros com guerreiros fazem zigue (passam seu objeto para o colega ao lado)
Zigue (trazem o objeto para sua frente)
Zá (entregam o objeto para o colega)
Guerreiros... (bis)

Na primeira vez, a letra é cantada normalmente, mas na segunda é substituída por "lálá"; na terceira, por "boca quize", e, por último, são feitos todos os movimentos, sem a melodia. Sai da brincadeira aquele que errar um movimento.

Sugestão de faixa etária: A partir de seis anos.

Benefícios: Favorece a associação do canto com a ação, aprimorando o desempenho pessoal e em grupo.

Enfoque multidisciplinar: Pode-se brincar de escravos de Jó para incentivar um grupo a trabalhar em conjunto, pois todos dependem da cooperação mútua para haver sucesso. A atividade também desenvolve o conceito de equipe (Educação Física), propicia o estudo da gramática na letra (Português) e a análise das rimas, reescrevendo outro conteúdo (Música).

s. Recreação: ESCORREGADOR

Origem: A partir dos anos 1930, com o enfoque da concepção de jogo como recreação, ocorreu a expansão dos parques infantis. Estes eram locais para a criança expressar-se, criar e se desenvolver de modo livre, segundo o movimento escolanovista da época. Nos parques há muitos brinquedos infantis, como escorregador, balanço, gangorra, gira-gira e outros (Kishimoto, 1993).

Como brincar: O escorregador é um brinquedo recreativo muito procurado pela criança. Consiste-se de uma superfície plana elevada, em cuja parte posterior há uma escada que permite o acesso ao topo, a fim de possibilitar que se deslize sobre a superfície até o solo. O brinquedo pode ser feito de plástico, metal ou madeira, devendo apresentar uma superfície lisa para facilitar o deslizamento. Ao final, pode-se colocar um amontoado de terra ou areia, para absorver o impacto, ou mesmo água, se se estiver sobre uma piscina.

Sugestão de faixa etária: A partir de quatro anos.

Benefícios: O brinquedo favorece a superação de desafios, como o medo de altura, o ato de escalar, o equilíbrio físico e a ousadia de se soltar, desenvolvendo autoconfiança.

Enfoque multidisciplinar: O escorregador propicia a realização de vários jogos de exercícios corporais (Educação Física) e a pesquisa de alturas e pesos de corpos em maquete estruturada de miniescorregador (Ciências Naturais, Artes Plásticas e Física).

t. Brincadeira tradicional:
BOLHAS DE SABÃO

Origem: Não encontramos uma fonte confiável sobre sua origem. Acreditamos que esta atividade se perpetuou por meio da tradição oral, ao longo das gerações. Antes da invenção do plástico, as crianças da periferia sopravam bolinhas usando canudos da folha da mamona.

O que sabemos é sobre a origem do sabão, existente desde a Mesopotâmia. Sabe-se que a bolha de sabão é a melhor forma de concentrar uma quantidade de água, por meio de uma camada fina que atua como uma película elástica – substância tensoativa (sabão), que mantém a tensão superficial. Com a ajuda de vídeo de alta velocidade, cientistas descobriram que bolhas de sabão sobre um fluido não desaparecem depois de estourar. Elas são substituídas por um anel formado por outras bolhas menores. Isso ocorre porque a bolha estourada se retrai sobre o líquido, capturando o ar. O processo é iterativo, em que uma bolha gera um círculo de bolhinhas e cada uma das bolhinhas, por sua vez, gera outro, e assim sucessivamente.

Contudo, têm-se registros dessa brincadeira por meio de muitas pinturas ao longo da história, como no caso dos artistas franceses, desde o século XVI, Chardin (Civita, 1978), Chaplim, Manet e outros.

Como brincar: Deve-se adicionar um copinho de café de detergente (50 ml) e três colheres (de sopa) de açúcar a um litro d'água. As medidas da quantidade de detergente e açúcar para gerar uma boa solução de sabão variam de acordo com a qualidade do detergente e da água (ter mais ou menos sais dissolvidos nela). Com um canudo:

• verificar quantas bolhas de sabão podem ser feitas pelo sopro, individualmente ou em grupo;

• conferir quantas bolhas é possível estourar;

• ao soprar as bolhas de sabão, observar os diferentes tamanhos obtidos e até onde elas chegam antes de estourar;

- produzir bolhas bem pequenas, soprando suavemente, entre outras atividades;
- podemos também obter bolas originais com bases feitas em arame fino e torcido: formas quadradas, tridimensionais e outras.

É possível jogar pingue-pongue com as bolhas, em duplas de até cinco pessoas. De um lado da rede um participante sopra a bola para o campo adversário, onde, por sua vez, outro a sopra para ela estourar no campo oposto. Para cada bola que ultrapassa a linha, ganha-se um ponto. Vence o time que alcançar os dez pontos primeiro.

Sugestão de faixa etária: A partir de quatro anos.

Benefícios: A brincadeira estimula a área da respiração e o controle do músculo diafragmático (sopro), a criatividade e a imaginação, podendo ser competitiva, quando praticada em grupo.

Enfoque multidisciplinar: As bolhas de sabão possibilitam atividades que abordam a noção de quantidade (Matemática) e os elementos que compõem a solução para fazer as bolhas (Química), como essas se expandem e estouram (Física), além de propiciar o exercício da fantasia, questionando-se sobre o que elas representam, ou o que elas levariam para o alto etc.

CAPÍTULO 2
RETROSPECTIVA LÚDICA

2.1 História das atividades lúdicas: breve panorama

Jogos, brinquedos e brincadeiras estão presentes na história da humanidade, de sua construção sociocultural, e sempre fizeram parte do cotidiano das pessoas, ainda que de forma implícita, sendo comumente relacionados à ideia de motivação.

Na Antiguidade, a atividade lúdica não era ligada à infância exclusivamente, mas às pessoas em geral. Alguns filósofos, como Platão e Aristóteles, pensavam o brinquedo na educação, associando o conceito de estudo ao prazer (Wajskop, 2007). Para Aristóteles (344 a.C), o jogo é uma atividade que tem o fim em si mesma, conceito também desenvolvido posteriormente por pesquisadores russos, como Leontiev, Vygotsky e Elkonin (Friedmann, 2006). A recreação seria um descanso do espírito, como também vem sendo discutido por educadores e pesquisadores, que ressaltam a importância do brincar acontecer de forma espontânea, não devendo ser associado ao conceito de prêmio ou castigo. De acordo com Friedmann (op. cit.), Platão (420 a.C) tinha uma visão do brincar mais voltada para a aprendizagem e para o social. Ele ressaltava a importância de se aprender brincando, em oposição à utilização da violência e da repressão.

Ainda na Antiguidade, o jogo de dados era usado para ensinar as crianças, bem como doces e guloseimas em forma de letras e números. Portanto, a importância da educação sensorial nesse período determinou o uso do jogo didático pelos professores das mais diferentes áreas, como Filosofia, Matemática e

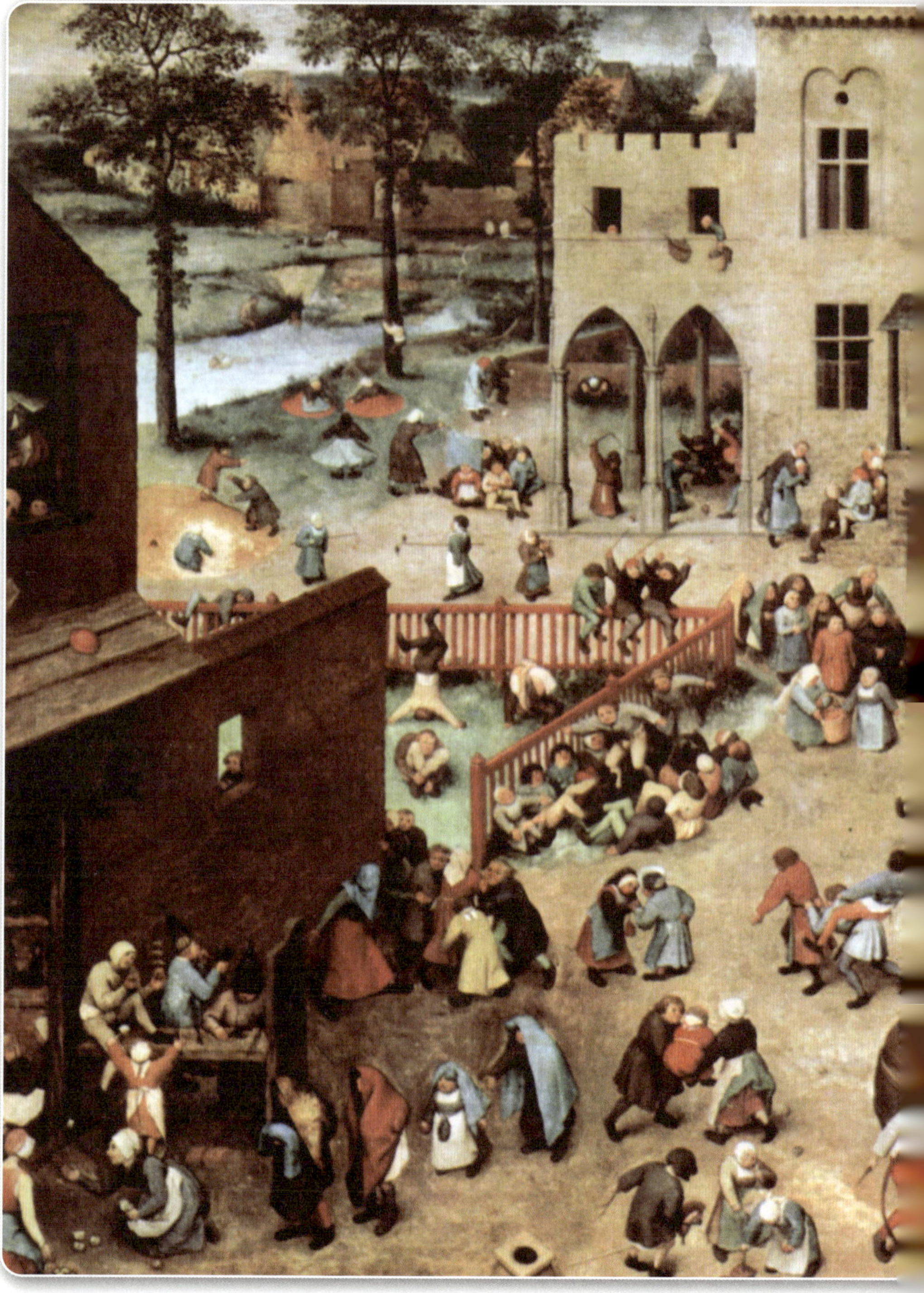

Capítulo 2 - Retrospectiva Lúdica

[Crédito: Divulgação]

Jogos infantis, Pieter Bruegel, 1560. Óleo sobre painel de carvalho (118 cm x 161 cm). A pintura retrata um estudo antropológico verdadeiro das atividades lúdicas flamengas do século XVI. Nesta obra, exposta no Museu Kunsthistorisches, em Viena, na Áustria, foram localizadas 84 brincadeiras, em que as crianças brincam vestidas como adultos e não sorriem. Muitas dessas atividades fazem parte da cultura lúdica brasileira.

Linguagem (Vial, 1981). Na Idade Média, o jogo era empregado para divulgar princípios de moral, ética e conteúdos de disciplinas escolares, porém não era considerado sério, por estar associado também ao azar. Em contrapartida, Friedmann (op. cit., p. 33) explica que, no Renascimento, havia uma compulsão lúdica, pois "o jogo era visto como conduta livre, que favorecia o desenvolvimento da inteligência e facilitava o estudo. Por isso foi adotado como instrumento de aprendizagem de conteúdos escolares".

Em relação à estrutura familiar aristocrática, a educação da criança consistia em ensinar obediência às regras e tradições que levavam à manutenção da hierarquia. Se essas não fossem respeitadas, o castigo era corporal.

Na Idade Média, o brinquedo era um instrumento de uso coletivo e indistinto, mas sua principal função era estreitar os laços sociais e transmitir modos e costumes que deviam ser aprendidos pelas crianças. Tais atividades aparecem como divertimentos que levam os cidadãos a participarem da comunidade e a estabelecerem relações sociais, além de enfatizarem o papel de cada um dentro do grupo.

Poster (1979, p. 201) ressalta que "a criança nobre, portanto, estava inserida num mundo público e complexo, em que a lição básica dizia respeito ao conhecimento do lugar de cada um". Havia uma preocupação em manter o nível hierárquico de cada indivíduo dentro da sociedade, treinando as crianças para darem continuidade ao papel que lhes seria atribuído futuramente.

Ainda no estudo sobre a criança e a estrutura familiar camponesa realizado pelo autor, ressaltam-se acontecimentos significativos, como festividades, cultos, divertimentos, brincadeiras e jogos, realizados com a participação de toda a comunidade. Nessa época, a vida, simbólica e religiosa, era dominada pelo culto público de figuras cristãs sagradas, e a rotina dos camponeses era regida por normas fixas relacionadas às tradições e nunca questionadas pelos indivíduos. Mais uma vez, fica evidente a preocupação em fixar-se a hierarquia e, sobretudo, estruturar-se a convivência coletiva dos camponeses.

No que se refere à criança e à estrutura familiar burguesa, o estudo de Silva, Garcia e Ferrari (1989, p. 20) destaca que essa classe social representa um marco importante nas transformações das concepções de família, infância e da relação dos indivíduos com o coletivo, porque é no âmago da burguesia europeia que surgem "novos sentimentos em relação a estes aspectos e, consequentemente, levar os jogos, os brinquedos, as festas e as brincadeiras a se tornarem gradativamente exclusivos do universo da criança".

Nessa pesquisa, os autores apontam que as relações afetivas e a privacidade no cotidiano burguês eram muito diferentes da rotina vivida pelos camponeses e pelos aristocratas, pois, sendo mais próxima, afetiva e particular, tornava os laços entre os indivíduos muito importantes em suas vidas. É também nesse contexto, que, no fim do século XIX, surgiu a ideia de casamento eterno e por amor, mas o marido aparece como figura de autoridade familiar máxima.

A partir desse novo sentimento em relação à infância, começa a existir uma dedicação à moral, direcionando os fundamentos de educação infantil. Nesse enfoque, alguns jogos são considerados inadequados às crianças, enquanto outros são estimulados pelo caráter educativo. Quanto a cultos, festividades e brincadeiras, vivenciados por todos e que fortaleciam os vínculos entre as pessoas, no aspecto social, principalmente, "passam a perder espaço para as novas ideias de organização familiar, educação e formação moral" (Idem, p. 21).

De fato, Ariès (1981) destaca que os filhos começam a ocupar um lugar importante na estrutura familiar burguesa. Surge então a escola como uma instituição social que, com a família, vai cuidar da educação moral e espiritual da criança.

O pesquisador faz, também, uma reflexão histórica acerca do surgimento da infância como período específico da vida humana e dos jogos da criança europeia. Diferentemente do que ocorre nos dias de hoje, por volta de 1600, não havia muita distinção entre as atividades lúdicas dos adultos e das crianças, porque "a especialização das brincadeiras atingia apenas a primeira infância, depois dos três ou quatro anos, ela se atenuava e desaparecia. Então, após essa idade, a criança se integrava nas atividades entre os adultos" (Idem, p. 92).

Contudo, essa situação passou por transformações a partir dos séculos XVII e XVIII, quando começou a existir um interesse na educação da criança. Havia uma preocupação de preservar a modalidade infantil e também de educá-la, proibindo os jogos classificados como maus. A partir desse momento, ocorre uma mudança no comportamento dos adultos com relação aos jogos das crianças.

Ao mesmo tempo, a Igreja e os leigos que lutavam pelo rigor e pela ordem, com o objetivo de organizar e civilizar os costumes da sociedade, aos poucos, foram restringindo essas atividades de forma clara.

A limitada visão de aprovação referente a alguns costumes foi se transformando em paralelo às mudanças relacionadas à infância, em especial por causa da influência religiosa dos jesuítas, que mostraram as possibilidades educativas dos jogos.

Assim, os jogos selecionados e controlados previamente eram adotados pela escola. Desde então, estes passaram a ser considerados como meios de educação tão importantes quanto os estudos e precisavam de regulamentações que permitissem o seu uso de forma controlada.

Não terá sido nesse momento que nasceram os jogos educativos? Seguindo essa perspectiva, houve o fato de os médicos iluministas conceberem uma nova técnica de higiene corporal, a cultura física. Unida à questão de os jogos prepararem os rapazes para a guerra, surgida no final do século XIII, pode-se observar o vínculo criado entre essas atividades e as necessidades de patriotismo. Associando-se, então, à moral, a saúde, o bem-comum e mais o destino dos jogos conforme a faixa etária, determinou-se um "processo que leva à distinção de atividades que eram comuns, originalmente, a toda sociedade" (Silva, Garcia e Ferrari, 1989, p. 22).

Assim, discorremos uma parte do percurso e das transformações na maneira de perceber a infância e como esta se relaciona com a história dos jogos no decorrer dos tempos.

Na Idade Média, as escolas eram raras e se destinavam a apenas alguns indivíduos. Em geral, a transmissão do conhecimento intergeracional até o fim do século XIX era garantida pela

[Crédito: E. Cotrin]

Roda da conversa e levantamento de dados para realizar determinada atividade com a utilização das artes plásticas. Educação Infantil. Complexo Lúdico Meimei. São Bernardo do Campo (SP), 2009.

[Crédito: B. P. Gimenes]

Boneco feito em sucata (fita cassete e material eletrônico). Oficina de Informática. Complexo Lúdico Meimei. São Bernardo do Campo (SP), 2009.

participação das crianças na vida dos adultos, por meio de jogos, brincadeiras, festas e no cotidiano da comunidade.

No início da industrialização, quando surgem a classe trabalhadora formada por camponeses e a sociedade urbana de baixa renda, as crianças muito novas já trabalhavam, tendo então pouco tempo e espaço para as brincadeiras. A preocupação era arrumar uma atividade remunerada para que elas ajudassem na sobrevivência da família, pois eram criadas nas ruas, sem atenção ou fiscalização dos pais, e aprendiam rápido o que era a vida no sistema capitalista (Poster, 1979; Silva, Garcia e Ferrari, 1989).

Apesar de a vida difícil existir na estrutura familiar operária, ainda se preservava a forte relação dos indivíduos com a comunidade, encontrando "os jogos pula-sela, cabra-cega, casinha, pega-pega❋, esconde-esconde❋¹, amarelinha etc. como integrantes das festas e comemorações da comunidade" (Silva, Garcia e Ferrari, 1989, p. 25).

Atualmente, nas festas nacionais, por exemplo, o festejo de São João, ainda são comuns algumas brincadeiras tradicionais, destacando-se o pau de sebo.

Como observamos, então, a atividade lúdica nem sempre foi valorizada ou vista como instrumento que faz parte da aprendizagem e do desenvolvimento da criança. Wajskop (2007) considera a valorização da brincadeira somente depois da quebra do pensamento romântico, que possibilita um espaço na educação das crianças pequenas. Também afirma que, antes disso, a brincadeira era considerada como fuga ou recreação pelo coletivo, coibindo a espontaneidade natural da infância, sem considerar algum valor em si.

Com as brincadeiras, a criança tem a possibilidade de transformar o desconhecido em conhecido, tornando-se capaz de reforçar ou alterar o mundo à sua volta (Heller, 1985).

As crianças são capazes de aprender brincando porque, nesses momentos, estão também levantando questões, discutindo, inventando, criando e transformando, revelando-se nesse brincar, ou seja, é o caráter teórico e o historiador que estão presentes em todo ser humano.

De acordo com Heller, o aspecto teórico surge quando a criança coloca suas questões sobre a realidade compartilhada e tenta resolvê-las e conceituá-las. Já o fator historiador acontece porque ela é um ser que participa e vive seu presente, podendo relacioná-lo ao passado e projetar o futuro.

Nessa perspectiva, portanto, podemos dizer que, por meio do brincar, a criança contribui na formação da humanidade, possibilitando-nos compreender certas características sociais e culturais de nossa história.

---

[1] Quando aparecer este símbolo, conferir a atividade lúdica no fim do capítulo.

Sobre a perspectiva do brinquedo, Brougère (2001), de fato, nos mostra que é um objeto complexo e que permite a compreensão do funcionamento da cultura.

Discorre esse cientista, esclarecendo-nos que toda socialização pressupõe apropriação da cultura, compartilhada pela sociedade, ou parte dela. Essa impregnação cultural, ou seja, os recursos de elementos dessa cultura de que a criança dispõe, envolve confrontação com imagens, representações e formas diversas e variadas. Assim, tais imagens decodificam a realidade que a cerca, ou propõem mundos imaginários. Como exemplo, está a comparação com os brinquedos feitos com sucata em 2009 com os que existiam nos fins da década de 1980 e do século XX (esses envolviam mais retalhos de diferentes tipos de papéis).

O autor também afirma que

> *cada cultura dispõe de um 'banco de imagens' consideradas como expressivas dentro de um espaço cultural. É com essas imagens que a criança poderá expressar, é com referência a elas que a criança poderá captar novas produções* (Idem p. 40).

Portanto, o brinquedo é um meio de transferir e transformar a realidade interna e externa da criança.

Diante do exposto, observamos quanto o brincar está atrelado à criança, ou melhor, que todo jogo, brinquedo ou brincadeira é como uma parte da cultura que está sendo manipulada pela criança, que aprende sobre os modos e os costumes da vida cotidiana, repassa-os e contribui na história de si mesma e do coletivo.

2.2 As atividades lúdicas no Brasil

Sobre a memória e a brincadeira brasileira, temos da cidade de São Paulo, a partir de sua fundação, um antigo e interessante

Capítulo 2 - Retrospectiva Lúdica

[Crédito: L. Fornoni]

Garoto branco brinca com arco e flecha e é pintado em ritual da aldeia indígena Xavante, 1986.

estudo realizado por Silva, Garcia e Ferrari (1989) abordando o papel da criança e das atividades lúdicas nas diferentes estruturas familiares. Eles apontam que jogos, brinquedos e brincadeiras eram comuns à sociedade inteira, sem distinção de idade ou classe social, formando um dos principais meios de promover a coletividade e estreitar os laços de união.

Segundo os autores (Idem, p. 18), os jogos mais comuns encontrados eram

> *mímicas❋, rimas❋, cabra-cega, esconde-esconde, os chamados jogos de salão e cartas (baralho)❋, dados❋, gamão❋, cara ou coroa❋ e os jogos de azar. Também o teatro, a música, a dança e a literatura eram comuns ao universo do adulto e da criança.*

Além disso, os brinquedos apresentavam-se iguais tanto para as meninas quanto para os meninos. Entre os mais comuns, estavam bolas, cata-ventos, piões, cavalo de pau, petecas, bonecas, miniaturas, entre outros; por sua vez, na sociedade europeia, os jogos, os brinquedos e as brincadeiras eram mais evidenciados nas grandes festas tradicionais, onde crianças, jovens e adultos desempenhavam papéis reservados pela tradição.

Enfocando outros estudos sobre o brincar brasileiro, temos Gilberto Freyre (1988) e Tizuko Mochida Kishimoto (1993), que retrataram a infância da criança brasileira desde a colonização, caracterizando em suas pesquisas os jogos infantis em diferentes momentos da história.

Freyre (1988) relata-nos fatos interessantes sobre o Período Colonial brasileiro. Naquela época, havia certos traços de hostilidade nos jogos infantis, por exemplo, no jogo do beliscão, que consistia em dar um beliscão forte e doloroso nas crianças que perdiam. Outro jogo que demonstra agressividade era o brincar de cavalo, em que se usava uma criança negra como cavalo, que era chicoteada com galhos de goiabeira.

Nesse período da história do País, as atividades de meninos e meninas eram bem diferenciadas. Os meninos ganhavam um pequeno punhal como brinquedo e passavam grande parte do tempo matando pequenos animais e destruindo ninhos. Já as meninas, em função do bom comportamento, eram proibidas de brincar, pular, subir em árvores e correr ao ar livre. Tais atividades eram comuns entre os meninos brancos e negros, apelidados de leva-pancadas.

De acordo com Kishimoto (1993), no Período Colonial, é difícil identificar a contribuição negra nos jogos infantis brasileiros. Isso acontece porque a mão de obra escrava era encontrada nos engenhos, nas plantações, nas minas e nas cidades litorâneas, tornando difícil a diferenciação entre o que é específico da etnia africana no Brasil e suas adaptações.

No entanto, para as crianças indígenas, o brincar representa uma espécie de ensaio para a vida adulta, pois, ao atirar uma flecha com um arco, isso "não é uma brincadeira, é um treino para a caça" (Kishimoto, 1993, p. 62). Tal opinião contrasta com a realidade das crianças brancas, em que esse ato significa diversão e uma forma de exercitar a pontaria.

São interessantes também as expressões artísticas desenhadas no corpo dos indígenas. Para eles, esses trabalhos representam características de identidade da tribo, sendo também relacionadas a rituais ou a situação de guerra. Por sua vez, na cultura branca, mesmo desde a infância, isso se torna lúdico e, depois, até motivo de beleza.

Posteriormente, outra autora que trouxe contribuições importantes sobre o tema do brincar foi Adriana Friedmann (2006). Ela ressalta a importância dos jogos tradicionais, por representarem uma tentativa de resgatar e guardar os valores da cultura lúdica e por se contraporem aos brinquedos industrializados. Em seu trabalho, reuniu cerca de trezentos jogos tradicionais só na cidade de São Paulo, sendo depois ampliado para vários outros Estados do Brasil, perfazendo uma média de mais de mil jogos.

A partir do levantamento feito, a autora fez uma análise das atividades lúdicas espontâneas e das razões de sua mudança e/ou desaparecimento no decorrer do século XX. Entre as modificações mais significativas, destacaram-se:

- diminuição do espaço físico, em consequência do crescimento da cidade e da falta de segurança;
- redução do espaço temporal, tanto na escola quanto na família;
- incremento da indústria de brinquedos, por ter colocado no mercado objetos muito atraentes, modificando as interações sociais;
- influência da propaganda, contribuindo para o incremento do consumo e da entrada dos brinquedos industrializados no mundo infantil.

A pesquisadora também afirma que, apesar de sabermos da importância de jogos, brinquedos e brincadeiras para as crianças, tais atividades não têm tido espaço dentro das escolas, pois a grande preocupação é preparar o aluno para o processo de alfabetização e desenvolver suas habilidades cognitivas. Ela deduziu que, "neste sentido, a civilização tem se preocupado com a formação de novos indivíduos, moldando suas habilidades produtivas e racionais" (Idem, p. 46).

Quando passa a ser obrigatória para as crianças, a atividade lúdica perde seu teor de grandeza; se percebemos que as crianças estão desinteressadas ou enfadadas com o brincar e a professora está desmotivada, é necessário rever em que condições esse ato está sendo inserido. Portanto, um bom termômetro é observarmos se a atividade foi aderida rapidamente pelas crianças e se permanece prazerosa até o tempo previsto de sua duração.

2.3 Brinquedos: os pesquisadores no Brasil

Quando pensamos em brincar, imediatamente visualizamos o elemento lúdico que permite a ação; ou seja, ao imaginarmos uma brincadeira de roda, vamos nos remeter mentalmente à letra de uma cantiga que nos envolvia e unia nossas mãos. Sobre o brincar de casinha, logo nos lembraremos do fogão com panelinhas e boneca. Quanto ao brincar no parque, o escorregador ou a balança surge na memória... Sentimos saudades da infância, porque muitas brincadeiras marcaram essa época de nossas vidas, como também os mais variados brinquedos.

No Brasil, entre as décadas de 1950 e 1980, tivemos a influência de duas grandes marcas de brinquedos. Porém, depois desse período, com a abertura da importação e o crescimento de interesse das pesquisas acadêmicas sobre a importância do brincar, surgiram novas marcas e muitos artesãos, e a literatura a respeito eclodiu.

No País, uma das pesquisadoras mais conhecidas, especialista em Educação Especial e pedagoga de formação, é Nylse Helena da Silva Cunha.

Desde a década de 1970, ela se dedica ao brincar e aos brinquedos. Ficou muito conhecida no Brasil em 1981, quando elaborou a obra *Material pedagógico: manual de utilização* (publicada em dois volumes, solicitados e editados pelo MEC, com tiragem reduzida). Um deles era dedicado à psicomotricidade, e o segundo, voltado para a matemática, a linguagem verbal, a educação musical, para o material pedagógico escolar e sua utilização pelos deficientes físicos. Posteriormente, em 1988, foi publicado *Brinquedos: desafio e descoberta* (também pelo MEC), que subsidiava a utilização e a confecção de brinquedos feitos com materiais que eram descartáveis na época. No início do século XXI, o conteúdo foi ampliado com novos brinquedos e transformado em vários volumes, tornando-se, mais uma vez, uma coleção referencial para o brinquedista, contribuindo também no universo escolar regular.

A autora estruturou o primeiro material literário, pela experiência acumulada na Associação de Pais e Amigos dos Excepcionais (Apae). Ela demonstrou que, com criatividade, didática e muito amor, era possível produzir peças lúdicas e pedagógicas com esses alunos, ou que as utilizassem em seu aprendizado, apesar de todas as limitações. Também foi responsável pela criação do Centro de Brinquedos Pedagógicos da Apae, em 1971, cujo objetivo era emprestar brinquedos aos atendidos e utilizá-los na aprendizagem.

Mais tarde, Cunha decidiu fundar uma escola voltada para a Educação Especial, hoje Instituto Indianópolis, que há mais de trinta anos tem oferecido um método de ensino-aprendizagem calcado no brincar e nos brinquedos, atendendo crianças e adultos.

No local, funciona a oficina Fabrinquedo, que produz muitos jogos pedagógicos, cujo acabamento é feito por jovens e adultos da escola, como laborterapia, e com créditos remunerados.

Há anos, a educadora milita na área do brincar, nos níveis nacional e internacional. Fez conferências, representando o Brasil em vários países onde se realizavam congressos sobre brinquedotecas, ou ludotecas, como são denominadas em alguns idiomas. Também participou do corpo diretivo da International Toy Library Association (Itla) – entidade voltada para brinquedotecas e o brincar, desde 1978, época do primeiro congresso organizado pela instituição, até 2005. Portanto, há mais de 25 anos, ela se empenha para que o brincar aconteça em ambiente saudável.

[Crédito: B. P. Gimenes]

Professora Nylse Helena da Silva Cunha no II Curso de Brinquedista Hospitalar, da Associação Brasileira de Brinquedoteca (ABBri) e da Associação Paulista de Medicina (APM). São Paulo, 2008.

Para Nylse, o brincar com qualidade é uma bandeira empunhada até hoje, desde a fundação da ABBri, em 1982, cuja sede, na época, se situava no Instituto Indianópolis (SP). Na ocasião, ela ocupava o cargo de vice-presidente com muita dedicação.

Em nossa opinião, se hoje a Educação Infantil é rica em estímulos para a aprendizagem, isso ocorre pela divulgação nacional e incansável da educadora sobre o papel da brinquedoteca no desenvolvimento da criança, pois atualmente, se uma escola está adequada às leis educacionais brasileiras, é porque essa instituição se assemelha a uma brinquedoteca ampliada, cujos cantos de desenvolvimento nada mais são que as salas ambientes.

Outra profissional ligada ao brincar e aos brinquedos no meio acadêmico, também pedagoga de formação e doutora em

Psicologia pelo Instituto de Psicologia da Universidade de São Paulo (USP), entre outros títulos, é Edda Bomtempo. Ela é uma das pioneiras nas pesquisas sobre o brinquedo e sua influência na aprendizagem e no desenvolvimento humano.

Essa acadêmica começou sua trajetória no curso de Pós--Graduação de Psicologia Experimental da USP, na década de 1970. Sua tese de doutorado foi intitulada: *Efeito do reforço na resposta de manipulação: um estudo em situação de brinquedo.* Segundo a pesquisadora, todos os colegas tinham suas pesquisas sobre animais, mas ela queria investigar o comportamento humano e amava a área escolar. Então, seu mestre, na época o professor-doutor César Ades, deu-lhe vários artigos para leitura, entre os quais havia um sobre o brincar, pelo qual se apaixonou, não cessando sua investigação a esse respeito até hoje. Segundo ela, os colegas de curso ofereceram seus filhos como os primeiros sujeitos de pesquisa, os quais também se tornaram professores da USP posteriormente.

Um livro que marcou a história do brinquedo no Brasil, datado de 1986, foi *Psicologia do brinquedo: aspectos teóricos e métodos,* em coautoria com suas orientandas, que trouxe grande contribuição para o meio acadêmico, haja vista a escassez de produção literária a respeito nessa época. Podemos encontrar nessa obra a conceituação do brinquedo, sua relevância social, as variáveis intervenientes na relação do brincar, seus efeitos em pré-escolares e os papéis de gênero sob o controle de brinquedos.

Já entre as muitas pesquisas da autora, destacamos a que se refere à influência de super-heróis e brinquedos na imaginação infantil, sendo relevante o brinquedo como objeto cultural e mediador de relações entre os envolvidos na brincadeira. Entre os principais objetos lúdicos observados, temos a Barbie, o *videogame* e os jogos de construção, por exemplo, quebra-cabeças.

Profissionais de renome já foram alunos de Bomtempo, que prossegue formando novos pesquisadores ininterruptamente, como professora livre docente do IP-USP, ministrando no curso de Pós-Graduação em Psicologia Escolar e do Desenvolvimento Humano. Também é membro da International Toy Research Association (Itra), conselheira da Associação Brasileira de Brinquedotecas (ABBri), em que já ocupou o cargo de vice-presidente, entre 2004-2005, e de outras entidades.

Na área da Saúde, temos a vanguarda da professora doutora Aidyl Macedo de Queiroz Pérez-Ramos. Formada em Psicologia e Pedagogia, dedicou-se à Psicologia Clínica, contribuindo no campo hospitalar a partir da observação de casos raríssimos dos bebês, de como eles agiam diante de variados estímulos e brinquedos.

Na década de 1950, formada em Psicologia e trabalhando na área da Saúde, ela se responsabilizou em observar os primeiros brinquedos em ludoterapia com bebês em situações difíceis, no Hospital das Clínicas. Em 2009, em entrevista pessoal com Gimenes, ela disse, muito emocionada:

> *Não era fácil ter que decidir sobre a questão de vida ou morte, como no caso de bebês siameses, para saber sobre aquele que melhor respondia ao meio, pois um deles sucumbiria fatalmente [...] Diferentemente da atualidade, que ambos podem ser salvos durante a separação.*

A pesquisadora prosseguiu, descrevendo fatos de sua carreira profissional, narrando sobre a mudança da mentalidade da equipe hospitalar após a instalação da sala de ludoterapia, apontando fatos da humanização hospitalar que se iniciava, ou seja, a ressignificação do olhar clínico para o paciente infantil.

A autora tem artigos sobre ludoterapia publicados com Ana Maria Poppovic. Existem outros, como o de 1961, sobre os aspectos psicológicos da criança enferma, relacionando itens de atenção psicológica a serem seguidos, sugerindo brinquedos para a elaboração das fantasias que naturalmente se desenvolvem nessas ocasiões.

Na época, a pesquisadora prestava serviço como professora colaboradora do Departamento de Psicologia Clínica do Instituto de Psicologia da USP. Também como editora do *Boletim da Academia Paulista de Psicologia*, da qual era membro titular da cadeira nº 30, e *Active Member of The New York Academy of Sciences* (EUA).

Podemos citar muitos artigos em periódicos de sua autoria, no entanto, destacamos: *A criança pequena e o despertar do brincar: primeiros dois anos de vida* (Pérez-Ramos, 2000). Nele, demonstra-se um trabalho de pesquisa da autora sobre a importância social do brincar e o desenvolvimento global, desde a idade mais tenra, expondo a relação dos tipos de brinquedos e períodos etários, os locais ideais de permanência desses, os objetivos de cada um deles e as sugestões para as guias curriculares educacionais.

Enfim, é relevante a sua contribuição para a primeira infância nessa obra, bem como em outras de sua autoria. Vale também ressaltar que ela trabalha na comissão editorial de *O Brinquedista*, periódico da ABBri.

Na área de Neurociências, mais propriamente, em Neuropsicologia, temos Elsa Lima Gonçalves Antunha, formada em Psicologia e professora da Pós-Graduação do Departamento de Psicologia Clínica do IP-USP.

Entre os focos de seu trabalho estão as pesquisas feitas sobre os jogos sazonais (Antunha, 2000), em que nos informa sobre a influência de jogos e outras atividades lúdicas de fases do ano sobre as funções cerebrais humanas.

Relata-nos a autora que, em suas variadas modalidades e expressões, o brincar exerce um papel fundamental na formação orgânica do ser. Também discorre de diversas brincadeiras em determinadas épocas do ano, esclarecendo sobre a relação recíproca entre o universo e o desenvolvimento humano, ou seja, de percebermos que a evolução ocorre por meio das informações provenientes da natureza, advindas da realidade externa.

Vale ressaltar que a autora, ex-presidente da Sociedade de Psicologia de São Paulo, na época era membro titular da cadeira nº 29 da Academia Paulista de Psicologia e da International Academy for Research in Learning Disabilities.

Ela nos aponta alguns brinquedos, como o pião e as bolinhas de vidro (gude), que são jogados sobre a terra, as pipas*, feitas em bambu, subindo ao céu com a força do vento e mostrando a leveza no ar, a balança* sob uma árvore, que, pelo peso do corpo, descreve um desenho de pêndulo, e o pular corda e a amarelinha, que promovem contatos com o solo e a terra, entre outros exemplos. Enfim, é o aspecto sistêmico do brincar estabelecido!

Além de relacionar os brinquedos citados com a natureza, a autora o faz também com as zonas cerebrais, explicando-as hierarquicamente dentro das três principais unidades funcionais, segundo Luria, famoso pesquisador russo. Ela finaliza com os aspectos psicomotores privilegiados pelos brinquedos. Além disso, aponta, no fim de seu relato, os benefícios que o brincar promove às crianças em situações de limitações orgânicas por meio da inclusão, sob os aspectos: econômico, lúdico, cognitivo, psicomotor e afetivo-emocional.

Elsa coleciona antiguidades infantis, como brinquedos, bonecas e vestimentas de bebês antigas a partir do século XIX. É autora da tese: *Método neuropsicológico de alfabetização para crianças disléxicas*, publicada em 1992.

Ainda na área da Saúde, é importante ressaltarmos o papel que o professor doutor Dráuzio Viegas tem exercido, mais especificamente na Pediatria. Nessa disciplina (já aposentado), ele foi professor titular do curso de Medicina da Faculdade de Medicina do ABC, na promoção da qualidade de atendimento hospitalar infantil, divulgando sobre a importância de a criança poder brincar quando necessitar desses serviços.

De acordo com o pediatra, os profissionais de saúde devem identificar a criança e seus familiares como indivíduos que necessitam de muita compreensão e amor por parte deles. Isso não deve ser feito apenas com o diagnóstico e esclarecê-los a respeito, mas, principalmente, amparando o ser humano que lá se encontra, sofrendo e muito assustado.

Diante desse nobre objetivo, o professor Viegas criou e ministrou a disciplina Humanização Hospitalar nessa instituição, a fim de orientar o jovem futuro médico a trabalhar com ética profissional e solidariedade humana.

O doutor Dráuzio é um brinquedista nato e sempre apresentou um semblante tranquilo. Constantemente, ele está de bom humor, sorridente e alegre nos vários eventos da ABBri, da qual é conselheiro. Ele tem divulgado sobre a brinquedoteca e sua função benéfica em hospitais, e em outros locais, mostrando os prejuízos para a criança quando é internada e distanciada de sua realidade, ficando suspensa das atividades lúdicas.

O professor Viegas é membro da Associação Paulista de Medicina (APM), parceira da ABBri, cuja união se solidificou com a entrada da doutora Capuano, diretora-social da APM. Ele e a professora Nylse Cunha estão trabalhando juntos há vários anos para o bem da criança hospitalizada, a fim de ela obter a oportunidade de brincar enquanto estiver internada.

Em 2004, ambos elaboraram um guia de orientação para brinquedoteca hospitalar. Em 2007, o doutor Viegas organizou um livro inspirado na primeira jornada de brinquedoteca hospitalar, com a participação de vários profissionais da saúde. Intitulada *Brinquedoteca hospitalar: isto é humanização*, a obra trata do brincar e a saúde mental, a criança e a morte, o lúdico na realidade hospitalar, educação e ludicidade no hospital, desumanização hospitalar no atendimento à criança e a sua família, humanização hospitalar no pronto-socorro de Pediatria, brinquedoteca terapêutica na oncologia e para crianças cardíacas, além de temas sobre contaminação hospitalar, higienização de brinquedos, arte-terapia e recursos expressivos no hospital, entre outros. Ambas as obras são referências em capítulos posteriores no presente estudo.

Retomando a atenção para a Psicologia Escolar e do Desenvolvimento, focando na área de jogos de regras aplicada à aprendizagem, temos o professor doutor Lino de Macedo com vasto conhecimento no ramo da Psicologia Genética.

Na década de 1980, esse pedagogo de formação, doutor em Psicologia pela USP, destacou-se na área de jogos e propagou os embasamentos teóricos construtivistas por todo o Brasil. Após os anos 1990, um marco em seu trabalho tem sido as pesquisas feitas em seu laboratório, com sua equipe de orientandos, organizada no Instituto de Psicologia da USP, aliando os jogos de regras à luz dos conceitos piagetianos.

Macedo participa na formação de outros pesquisadores sobre os jogos, continuamente tanto no Instituto de Psicologia, quanto na Faculdade de Educação da USP. É membro nº 22 da Academia Paulista de Psicologia.

Entre os jogos analisados por ele, estão o resta um (solitário)✽, a Torre de Hanói✽, o dominó✽, o pega-varetas✽, entre outros. Vale citar que alguns desses estudos estão registrados em periódicos, e outros já se tornaram livros, como as pesquisas sobre os jogos quatro cores✽, senha✽ e dominó✽: oficinas de jogos em uma perspectiva construtivista e psicopedagógica (Macedo, Petty e Passos, 1997). A obra aborda sobre esses três jogos, apresentando um breve histórico, os conceitos lógicos neles existentes e as diversas possibilidades para a aplicação no ensino-aprendizagem, além de levantar os aspectos psicopedagógicos do jogar.

A produção literária com seus orientandos tem sido imensa, versando principalmente sobre a construção do conhecimento.

Entre as obras mais recentes deste autor, está *Enigma Sudoku* (em coautoria com Mario Cesar de Oliveira), que versa sobre o jogo de regras com mesmo nome. A princípio, podemos pensar que esse jogo é recente, porém foi criado pelo matemático suíço Leonhard Euler, em 1779. Ao longo dos anos, o *Sudoku* passou por vários países, nos quais sofreu pequenas alterações.

Segundo os autores, o *Sudoku* chegou ao Brasil em 2005, sendo muito divulgado depois que um conhecido jornal o publicou como divertimento semanal, apresentando três níveis de complexidade: básico, médio e avançado. A regra básica é preencher todas as lacunas de um quadro maior com números de um a nove, sem repeti-los na mesma linha ou coluna, contendo também outros nove quadros menores em seu interior.

Em relação ao jogo solitário, o mais importante é que, além de ser um divertimento, colabora no desenvolvimento da concentração, atenção, paciência e perseverança, e, fundamentalmente, em antecipações de jogadas, coordenação de partes e o todo, inclusão e exclusão de conjuntos e outras qualidades, temas de grande domínio do conhecimento desse pesquisador.

Macedo tem deixado a seus alunos um vasto e importante legado sobre o pensar, a moral e o afeto, abrindo outros olhares para novas pesquisas.

Em uma de suas obras (Idem, 1992), o autor destaca um pressuposto importante e construtivista do jogo de regras, no aspecto psicopedagógico: a relação dos momentos vivenciados no tabuleiro pelo sujeito, como parâmetros e ensaios para experimentar as situações reais da vida existentes fora desse contexto lúdico. Também afirmou que somente as pesquisas confirmariam tais pressuposições ou não.

Tais indagações foram respondidas por Gimenes, ao expor as mudanças comportamentais na sociabilidade e afetividade de pré-adolescentes institucionalizados, a partir da pesquisa com o jogo de regras Quilles. Este foi disputado e discutido entre eles, até as tomadas de consciência de suas atitudes; assumindo, ressignificando e alterando as condutas (pesquisa feita em 1995--1996 e publicada em 2000).

Em resumo, Macedo tem tido interessantes experiências com as hipóteses de seus orientandos, e, certamente, cooperado na construção de soluções para as situações-problema, enriquecendo cada vez mais o campo literário e científico sobre cognição e áreas afins.

Na década de 1990, outros estudiosos brasileiros se destacaram na literatura lúdica (alguns já mencionados), como: Tizuko Morchida Kishimoto, Telma Weisz, Adriana Friedmann, Vera Barros de Oliveira (1992), entre outros, cujas produções são referenciais teóricos no transcorrer desta obra.

Enfim, desejamos que exista sempre alguém preocupado com o lúdico na vida humana, pois assim, independentemente da idade, o encantamento e o bom humor da jovialidade interior sempre vão se expressar de forma contínua, eternizando-se.

[Crédito: B. P. Gimenes]

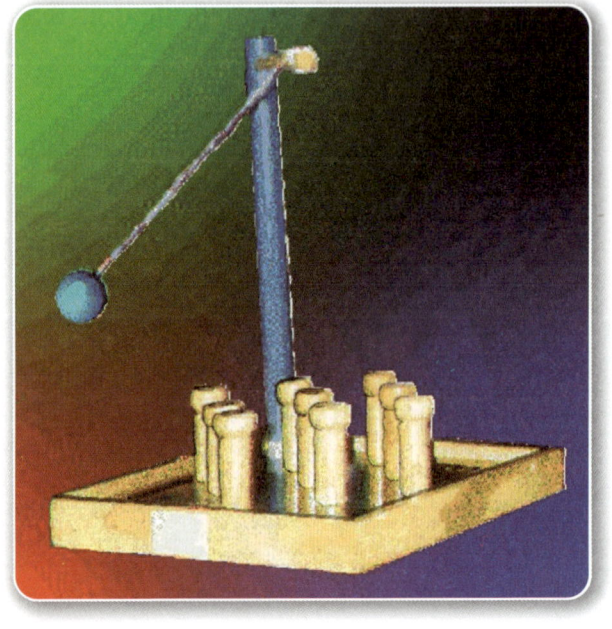

O jogo de regras Quilles, pesquisado por Gimenes. Os procedimentos e os resultados satisfazem as hipóteses de Lino de Macedo.

2.4 Sugestões de atividades lúdicas

a. Brincadeira tradicional: PULA-SELA (UNHA NA MULA)

Origem: Não se sabe ao certo sua origem, mas a brincadeira é muito popular em toda a Península Ibérica. Ali é também conhecida como sela, sela corrente, briola, unha na mula e mula corrida. Há um registro dessa atividade no clássico quadro *Jogos infantis*, de Pieter Bruegel, datado de 1560.

Como brincar: Inicialmente, faz-se um colega *selar*, ou seja, ficar com as costas em arco, permanecendo com as mãos apoiadas nos joelhos e com a cabeça abaixada. Em seguida, os demais pulam a sela, dizendo: "Unha na mula!" (agarram com as unhas as costas do que sela); "Um pontapé!" (chutam as nádegas da mula); "Tirar o chapéu!" (retiram o próprio boné enquanto pulam). Quem errar fica no lugar de sela.

Variação: Atualmente, essa variação é a mais usada (e menos agressiva por não unhar a sela/colega). O grupo é dividido em duas filas, com duas marcas feitas a 3 metros do primeiro competidor. Após um sinal inicial, os primeiros correrão até as marcas, postando-se como selas, com o lado esquerdo do corpo voltado para sua fila. Imediatamente, o segundo de cada fila pula a mula e se coloca em posição igual, a 3 metros da primeira, e assim por diante. Vale lembrar que o último terá pulado todos os companheiros/selas. Vence a competição o grupo em que o último jogador tenha pulado o penúltimo colega em primeiro lugar. Em grupos menores, os participantes poderão retornar à forma inicial de fila.

Sugestão de faixa etária: A partir de sete anos (poderá ser de seis anos se a "mula" estiver agachada, de joelhos, e os participantes pularem em local macio).

Benefícios: Promove aceitação de desafios, o controle e a coordenação motora global, e a submissão a regras.

Enfoque multidisciplinar: A brincadeira pode ser empregada na educação esportiva (Educação Física), conciliando-se com a contagem numérica (Matemática).

b. Brincadeira tradicional: PEGA-PEGA

Origem: Desconhece-se a origem da brincadeira, comumente denominada de pegador. No Brasil, recebeu influência portuguesa. Também é conhecida a variação de pegador: polícia e ladrão.

Como brincar: A brincadeira tem início com uma criança cantando versos enquanto bate nas mãos, fechadas e esticadas para frente, dos demais participantes. Aquele em que cair a última sílaba da parlenda esconde a mão para trás; quem esconder ambas estará salvo, mas quem ficar por último será o pegador.

Este, então, deverá correr atrás dos colegas; quem for pego o substitui. Por sua vez, o pega-pega é um pegador contra um grupo de fugitivos, que procurará prender na cadeia.

Variações:
• *Agarra-agarra:* O pegador agarra a criança fugitiva, que passa a ser ajudante dele.
• *Rela-rela:* O pegador corre cantando: "Limão galego, relou tá pego!" É considerado capturado o fugitivo que for simplesmente tocado pelo pegador.
• *Trepa-trepa:* Os participantes que conseguirem subir em algum objeto (poste, muro) estão protegidos do pegador.
• *Abaixa-levanta:* Os jogadores correm, mas ficam livres se estiverem ajoelhados ou agachados. Porém, quem se levantar perde a proteção e tem de ser rápido na fuga.

Sugestão de faixa etária: Entre cinco ou seis anos.

Benefícios: Esse jogo de exercício motor global e de regras promove a curiosidade e a perspicácia, a agilidade física e a percepção global.

Enfoque multidisciplinar: Essa atividade de destreza (Educação Física) pode ser associada a um conto que os protagonistas dramatizarão por meio da brincadeira (Português e Artes Cênicas).

c. Brincadeira tradicional: ESCONDE-ESCONDE

Origem: Embora a origem da brincadeira seja desconhecida, sabe-se que na França o rei Luís XIII, quando criança, brincava com sua mãe, a rainha Maria de Médicis. No Brasil, é conhecida como pique, pique-esconde, entre outras variações;

em Portugal, as crianças a conhecem como escondidas. Nos Estados Unidos, é denominada *hide-and-seek* e, no Paquistão, possui duas variações: *larroo* e *pat patonay*.

Regras: Primeiramente se decide quem será o pegador. O critério de escolha fica a cargo dos participantes. Um participante conta até um número específico, decidido pelo grupo, enquanto os outros correm para se esconder. Após a contagem, o pegador procurará os escondidos. Quando achar alguém, deve correr até o pique, batendo a mão no local e dizendo bem alto o nome de quem foi encontrado e onde está escondido.

Quem for encontrado em primeiro lugar será o pegador na próxima rodada. Para que possam se livrar disso, os participantes deverão correr até o pique, antes que sejam vistos ou apanhados pelo pegador. A rodada acaba quando todos os participantes forem pegos e/ou salvos.

Sugestão de faixa etária: A partir de cinco anos.

Benefícios: Esse jogo traz benefícios semelhantes ao pega-pega. Por ser uma brincadeira de exercício motor global e de regras, promove a curiosidade e a perspicácia, a agilidade física e a percepção global. As crianças aprendem noções de espaço e tempo, ou seja, se devem correr mais depressa ou devagar, ir para a esquerda ou para a direita, para a frente ou para trás etc.

Enfoque multidisciplinar: Essa atividade de destreza (Educação Física) pode ser associada a um mapa do local em que se marcarão os possíveis esconderijos (Artes Plásticas), contabilizando-os (Matemática), para planejar as fugas de salvamento.

d. Brincadeira de salão: MÍMICA

Origem: Historicamente, a mímica é uma brincadeira muito tradicional, sempre associada às manifestações teatrais de caráter popular, como os grupos de saltimbancos, malabaristas e contadores de história voltados para a *mimésis* (imitação) de animais, ou de pessoas, e tipos característicos das comunidades, a partir da caricatura e de um olhar grotesco sobre o imitado.

Originariamente, a palavra *mímica* não implicava silêncio, pois era usada para se referir à maior parte das formas de drama, fora dos modos tradicionais de comédia, tragédia e peças satíricas.

Como brincar: A brincadeira tem início com uma pessoa que tenta representar, por meio de gestos ou ações, nomes de filmes, personagens ou o que a imaginação permitir.

Sugestão de faixa etária: A partir de cinco anos.

Benefícios: Favorece o desempenho gestual e corporal, estimula a linguagem não verbal e a criatividade.

Enfoque multidisciplinar: É uma ótima atividade para início, fim e meio de uma aula. O professor também pode utilizá-la para estimular os alunos a aprenderem um conteúdo factual, uma atitude ou mesmo empregá-la como um recurso didático para animar a aula.

e. Brincadeira de salão:
RIMAS (PARLENDAS, TRAVA-LÍNGUAS)

Origem: As parlendas são brincadeiras em versos com rimas e acompanhadas por dramatizações, movimentos e mímicas. Geralmente as canções fazem parte do folclore nacional.

Como brincar: Essa brincadeira consiste-se de um jogo de palavras para serem recitadas na roda, enquanto os participantes giram. Durante o parlendar, quando eles param, o escolhido paga uma prenda, como punição, ou seja, esse tem de declamar uma parlenda. Esta pode ser usada ainda como cantiga de escolha, para ver quem começa um jogo, entre outras sugestões. Enquanto cantam, os participantes fazem gestos manuais, como nos exemplos:

Eu sou pequenininha,
(Mostrar com uma das mãos horizontalmente)
Da perninha grossa,
(Indicar a espessura da perna com as mãos)
Vestidinho curto,
(Segurar a saia)
Papai não gosta.
(Fazer gesto negativo com dedo indicador)

****

Um, dois, feijão com arroz,
(Indicar as quantidades com os dedos da mão. Em seguida, unir os dedos de ambas as mãos)
Três, quatro, feijão no prato,
(Idem. Apontar o dedo indicador para a outra mão, em forma de concha)
Cinco, seis, falar inglês,
(Idem. Apontar o indicador para a boca)
Sete, oito, comer biscoito,
(Idem. Fazer movimentos de mastigar)

Nove, dez, comer pastéis.
(Idem. Fazer movimentos de mastigar)

Outras parlendas:

Batatinha quando nasce,
Se esparrama pelo chão,
Mamãezinha quando dorme,
Põe a mão no coração.

****

Homem com homem,
Mulher com mulher,
Faca sem ponta,
Galinha sem pé.

****

Uni, duni, tê,
Salamê, minguê,
Um sorvete colorê,
O escolhido foi você!

****

Rei, capitão,
Soldado, ladrão.
Moça bonita
Do meu coração.

****

Quem cochicha,
O rabo espicha,
Quem escuta,
O rabo encurta!

****

Dedo mindinho
Seu vizinho,
Pai de todos,
Fura-bolo,
Mata-piolho.

Sugestão de faixa etária: A partir de cinco anos.

Benefícios: Contribui para o desenvolvimento do repertório verbal e gestual, ativa a memória auditiva e de associação com os gestos, auxilia na desinibição e na descontração, entre outras vantagens.

Enfoque multidisciplinar: A atividade pode ser empregada na aula de Português, onde o professor pede que os alunos cantem de outras formas além da apresentada, troquem as palavras e conservem a melodia. Eles também podem criar a própria parlenda com versos de rimas. É muito divertido.

❯❯ Trava-línguas

Origem: Originários da cultura popular, os trava-línguas são modalidades de parlendas em prosas, versos ou frases ordenados de tal forma que se torna difícil pronunciá-las sem tropeço ou sem travar a língua, como o próprio nome diz. A articulação dos trava-línguas torna-se complicada porque as palavras devem ser pronunciadas rapidamente, ou em três vezes seguidas. Exemplos:

A aranha arranha a rã.
A rã arranha a aranha.
Nem a aranha arranha a rã.
Nem a rã arranha a aranha.

****

O rato roeu a roupa do rei de Roma.
O rato morreu de dor de barriga.

Benefícios: As parlendas auxiliam na linguagem com o uso dos fonemas, ritmo, pausa, gestos, entonação de voz, expressão oral, além da percepção auditiva. São ótimos recursos para exercitar a consciência fonológica, melhorar a dicção e a leitura oral. No entanto, é preciso ter o cuidado de não constranger alguma criança com dificuldades de fala ou problemas de dicção, entre outros.

Enfoque multidisciplinar: Os trava-línguas também são utilizados como exercícios em teatro musical e música cênica. Com eles, é possível trabalhar a cultura popular coletando informações sobre folclore em *sites*, livros e revistas, entre outros meios de comunicação, podendo-se elaborar um livro da turma.

Mais trava-línguas:

Maria-Mole é molenga,
Se não é molenga,
Não é Maria-Mole.
É coisa malemolente,
Nem mala, nem mola,
Nem Maria, nem mole.

******

Tinha tanta tia tantã.
Tinha tanta anta antiga.
Tinha tanta anta que era tia.
Tinha tanta tia que era anta.

******

O sabiá não sabia
Que o sábio sabia
Que o sabiá não sabia assobiar.

******

O doce perguntou pro doce
Qual é o doce mais doce
Que o doce de batata-doce?
O doce respondeu pro doce
Que o doce mais doce que
O doce de batata-doce
É o doce de doce de batata-doce!

******

Lalá, Lelé e Lili
E suas filhas,
Lalalá, Lelelé e Lilili
E suas netas
Lelalá, Lelalé e Lelali
E suas bisnetas
Lilelá, Lilelé e Lileli
E suas tataranetas
Lalelá, Lalelé e Laleli
Cantavam em coro:
LÁLÁLÁLÁLÁLÁLÁLÁ!

******

Olha o sapo dentro do saco
O saco com o sapo dentro,
O sapo batendo papo
E o papo soltando o vento.

******

*A lontra prendeu a
Tromba do monstro de pedra
E a prenda de prata
De Pedro, o pedreiro.*

******

*Disseram que na minha rua
Tem paralelepípedo feito
De paralelogramos.
Seis paralelogramos
Tem um paralelepípedo.
Mil paralelepípedos
Tem uma paralelepípedovia.
Uma paralelepípedovia
Tem mil paralelogramos.
Então uma paralelepípedovia
É uma paralelogramolândia?*

******

*Larga a tia, lagartixa!
Lagartixa, larga a tia!
Só no dia que sua tia
Chamar lagartixa
de lagartinha!*

******

*Cinco bicas, cinco pipas,
Cinco bombas.
Tira da boca da bica,
Bota na boca da bomba.*

******

*Bote a bota no bote
E tire o pote do bote.*

f. Jogo de regras:
CARTAS (BARALHO)

Origem: Embora haja indícios de que os jogos de cartas teriam surgido na China com a invenção do papel, há outras pistas que apontam uma origem árabe. De qualquer modo, o baralho foi introduzido na Europa durante o século XIV. A partir do século seguinte, o desenvolvimento dos processos de impressão e de fabricação de papel propiciou a popularização do jogo em vários países. Há quem acredite que o baralho foi inventado no século XIV, pelo pintor francês Jacquemin Gringonneur, sob encomenda do rei Carlos VI da França. Ele desenvolveu as cartas de forma que representassem as divisões sociais francesas por meio de seus naipes, sendo: copas, o clero; espadas, a nobreza; paus, os camponeses, e ouro, a burguesia.

Regras: As cartas dos jogos de baralho são retangulares e confeccionadas com papel grosso, ou plástico. Têm uma face, cuja estampa com diversas cores e símbolos (geralmente números e naipes) está impressa também de ponta-cabeça, e a outra, estampada em um padrão comum a todas as cartas, para que esconda o valor da outra. O baralho é jogado em duplas ou grupos, mas sempre um jogador de cada vez, seguindo a ordem sequencial em que ele pode descartar, ou passar a vez se não tiver a carta correspondente. Pode-se jogar em dupla, trio ou em grupo. As cartas mais comuns nos jogos (existentes às centenas) são as que compõem um baralho de 52 cartas (inglês), em que se acrescentam duas cartas, os *jokers* (no Brasil, coringas); elas são divididas em quatro naipes e numeradas, sendo as cartas de dois a dez, um ás, o valete, a dama e o rei em cada naipe (Copag, s.d.).

Sugestão de faixa etária: A partir de oito anos.

Benefícios: Favorece a fixação de regras de conduta e a competição positiva, incentivando a melhoria de desempenho. Se jogado em equipe, a tendência é que ocorra a cooperação, para melhor escolher as estratégias de vitória.

Enfoque multidisciplinar: O jogo de cartas é usado para explicar alguma estratégia matemática, como atividade que favorece o raciocínio do aluno, tornando-o mais apto ao aprendizado da nova operação dessa disciplina. As cartas podem ser confeccionadas em Artes Plásticas, como alguns baralhos indianos.

g. Jogo de regras:
DADOS

Origem: Encontrados em tumbas egípcias, os dados feitos de ossos sugerem um período de cerca de 2000 a.C. Na Índia foram encontrados registros escritos desses objetos no grande épico *Mahabharata*, datado de mais de dois mil anos. Posteriormente, os lados do osso ganharam valores numéricos, tornando-os mais parecidos com os dos dados atuais. Os jogos de dados eram comuns também na Grécia. Além disso, os romanos eram jogadores exímios, e jogar dados por dinheiro era o motivo de muitas leis especiais. Também eram comuns os jogadores profissionais, cujos dados estão preservados em museus. As casas públicas eram o refúgio dos jogadores, com alguns afrescos que retratam muito bem este cotidiano.

Vale citar que os alemães também eram viciados nesse jogo, sendo capazes de apostar até a própria liberdade. Durante a Idade Média, jogar dados se tornou o passatempo preferido dos cavaleiros, existindo até escolas e guildas (comunidades, no Brasil) de jogadores. Com o fim do feudalismo, o famoso Landsknecht, mercenário alemão, ficou conhecido pela reputação de ser o melhor jogador de dados no seu tempo. Curiosamente, tais objetos são encontrados em imagens tanto de homens quanto de bestas. Na França, cavaleiros e donzelas eram adeptos do jogo. Na China, na Índia, no Japão, na Coreia do Sul e em outros países da Ásia, os dados ainda são muito populares. Vale mencionar que as marcas no dominó chinês surgiram a partir das marcas nas faces dos dados, utilizando duas de cada vez.

Regras: O jogo tem início com um jogador que atira o dado, lançando a sorte. A função desse objeto é gerar um resultado aleatório que fica restrito a seu número de faces. Tal resultado, então, pode ser manipulado (caso seja um número) a partir de regras exigidas pelo jogo.

Sugestão de faixa etária: A partir de seis ou sete anos.

Benefícios: O jogo de dados incentiva o raciocínio lógico e abstrato, contribuindo para elaborar os conceitos de sorte e azar.

Enfoque multidisciplinar: Por ser um jogo de sorte ou azar, pode ser utilizado em qualquer disciplina para estimular o controle afetivo pela via da competição não dirigida.

h. Jogo de regras: GAMÃO

Origem: Atribui-se sua origem à civilização suméria, da Mesopotâmia, enquanto outros afirmam que se originou do *Pachisi*, um jogo indiano. Enfim, é um jogo muito antigo que se modificou ao longo dos séculos, sempre encantando as gerações e as civilizações que o conheceram. Segundo uma lenda indiana, o gamão foi inventado pelo sábio Caflan, com a seguinte simbologia: 24 flechas que simbolizariam as horas do dia; doze flechas de cada lado do tabuleiro, representando os doze meses do ano e os signos do zodíaco; trinta peças para os trinta dias do mês; dois dados representando o dia e a noite e sete (soma dos valores opostos de cada face de um dado) representando os dias da semana.

Regras: O tabuleiro de gamão tem 24 triângulos chamados casas ou pontos. Cada conjunto de seis triângulos adjacentes constitui um quadrante. As casas de um a seis constituem o quadrante interior, ou *home board*. As casas de sete a doze constituem o quadrante exterior, ou *outer board*. Cada jogador começa a partida com quinze peças, dois dados, um copo e um dado especial chamado dado de apostas. Os jogadores deslocam as suas peças sobre o tabuleiro de acordo com o resultado dos dados lançados. Para ganhar, devem trazer todas as peças para o seu campo (o seu quadrante interior) e depois retirá-las do tabuleiro. As peças movimentam-se no sentido dos ponteiros do relógio. Vence a partida o primeiro jogador que conseguir retirar suas quinze peças, podendo ganhar de três formas diferentes: ou retira suas peças antes do adversário, ou o adversário abandona a partida, ou se alguém propuser uma aposta e o adversário recusar.

Sugestão de faixa etária: Entre nove e dez anos.

Benefícios: Favorece o desenvolvimento do raciocínio lógico, a partir do qual se aprende a enfrentar a frustração e a competição.

Enfoque multidisciplinar: Este jogo pode ser explorado pelo professor de Matemática, para ensinar diversos conceitos, regras e estratégias dessa disciplina.

1. Jogo de regras:
CARA OU COROA

Origem: Segundo pesquisas, a expressão "cara ou coroa" refere-se às antigas moedas portuguesas, nas quais havia um rosto em uma face e, na outra, uma coroa do império. Nelas, a cara representava o valor da moeda, enquanto a coroa fazia menção à Coroa Portuguesa. Atualmente, considera-se a cara o valor nominal da moeda, enquanto a coroa apresenta simbologias diversas sobre o país de origem.

Regras: Este jogo é simples; após obter uma moeda, duas partes em disputa escolhem uma das faces dela, antes de seu lançamento. Então, a moeda é lançada para o alto, e sua queda é amparada com as mãos. Vence a parte que escolheu a face que estiver voltada para cima. O jogo de cara e coroa é muito usado por quem faz o movimento inicial em alguma atividade lúdica, por exemplo, o futebol. Nessa prática esportiva, a moeda decide quem fica com o direito de escolha pelo campo ou pela bola.

Sugestão de faixa etária: A partir de cinco anos.

Benefícios: Considerado por muitos como competição de sorte e azar, o jogo contribui no trabalho das questões afetivas emocionais, como a frustração de perder ou ganhar sem prejudicar o outro e controlada pelo acaso.

Enfoque multidisciplinar: O professor pode usar esse jogo em História, enfocando as várias mudanças das moedas ao longo dos tempos. Também pode trabalhar as questões de quem fará as pesquisas, quem digitará a parte teórica, quem fará uma dramatização etc.; além dos aspectos culturais, estudando as diferentes moedas de cada povo. Em Matemática, podem-se usar mais moedas para introduzir o conceito de Probabilidade ou iniciar as atividades em Educação Estatística.

j. Jogo de regras: BOLA

Origem: Na Antiguidade, a bola era usada por egípcios, gregos, romanos, astecas e pelos povos que os precederam na América Central. Nos dias de hoje, ela é utilizada em diversos esportes e também nos momentos de lazer. Normalmente de formato esférico, também pode ser oblonga (como as bolas de rúgbi).

Regras: Existem várias maneiras de utilizar a bola em jogos de regras distintos. Quanto ao enchimento, pode ser oca e repleta de ar, como no futebol; ou sólida, como a bola de bilhar ou de golfe. Na maioria dos jogos, as jogadas acontecem em função do estado da bola, a qual pode ser acertada, chutada ou arremessada pelos jogadores. Em relação ao material com que são confeccionadas, existem bolas de vários tipos, como as preenchidas com manta acrílica e revestida em tecido macio, podendo ser lavável (indicada para bebês). Também existem várias formas de brincar com esse objeto. Aqui, destacamos a forma solitária de interagir com a bola (ideal para crianças de cinco a seis anos), cujo objetivo é sincronizar cada atitude pessoal no próprio canto, tendo a parede como adversária. No início da brincadeira, lança-se a bola à parede, mas comandada pela parlenda cantada, ou seja, a criança canta, atira e agarra rapidamente, atendendo às próprias solicitações orais com gestos:

Ordem, seu lugar, sem rir, sem parar,
Um pé, o outro, uma mão, a outra,
Bate palma, bate os pés,
Mãos atrás-adiante,
E queda! (Nesse momento, depois de lançar a bola à parede, a criança bate as mãos nas coxas e pega novamente a bola, sem deixá-la bater no chão.)

Sugestão de faixa etária: A partir de três meses.

Benefícios: Nos bebês, a interação com a bola promove a percepção tátil e o desenvolvimento da preensão (agarrar); posteriormente, são beneficiados o controle visomotor manual, a coordenação motora dos membros superiores, a agilidade e destreza, bem como a memória associativa (nominal e cinestésica).

Enfoque multidisciplinar: A bola pode ser usada em diversas modalidades de jogos (Educação Física); nas descobertas de semelhanças quanto à forma no mundo físico (Geometria), rolando-a em diferentes declives, para se perceber as diferentes velocidades (Ciências), em desenhos ou dobraduras (*origami* e Artes Plásticas), entre outras.

k. Brincadeira tradicional: CATA-VENTO

Origem: Há registros de que o brinquedo tenha surgido na China, antes de Cristo. Sua criação foi estimulada pelos moinhos de vento, inventados para gerar energia e moer grãos. O cata-vento é um dispositivo que aproveita a energia eólica (energia dos ventos) para produzir trabalho.

Como brincar: Não há regras específicas para brincar; geralmente, basta segurá-lo contra o vento e se divertir. Ou, na ausência de corrente de vento, basta correr com o brinquedo na mão, que suas hélices girarão.

Sugestão de faixa etária: Entre dois e três anos.

Benefícios: Promove a interação dinâmica com o brinquedo em espaço aberto e ventilado, promovendo a coordenação motora ampla e a visual.

Enfoque multidisciplinar: O cata-vento pode ser usado pelos professores de Matemática e Física para ilustrar a dinâmica da corrente do ar, ressaltando que o movimento agita os gases do ambiente, move as hélices, gerando energia etc.

Capítulo 2 - Retrospectiva Lúdica

> **1. Brincadeira tradicional:**
> **PIÃO**

Origem: O pião esteve entre gregos e romanos. Em escritos gregos, era citado como um pião feito em argila, que se fazia girar por meio de um chicote. Os romanos conheciam também o jogo, sendo o favorito das crianças. Em vez de trabalhar, Pérsio, poeta grego, só queria rodar seu pião de madeira. Virgílio, no Livro III, da *Eneida*, referiu-se ao brinquedo com este verso: *Volitans sub verbere turbo* [Que do açoite impelido em círculo anda]. Posteriormente, o folclorista Luís da

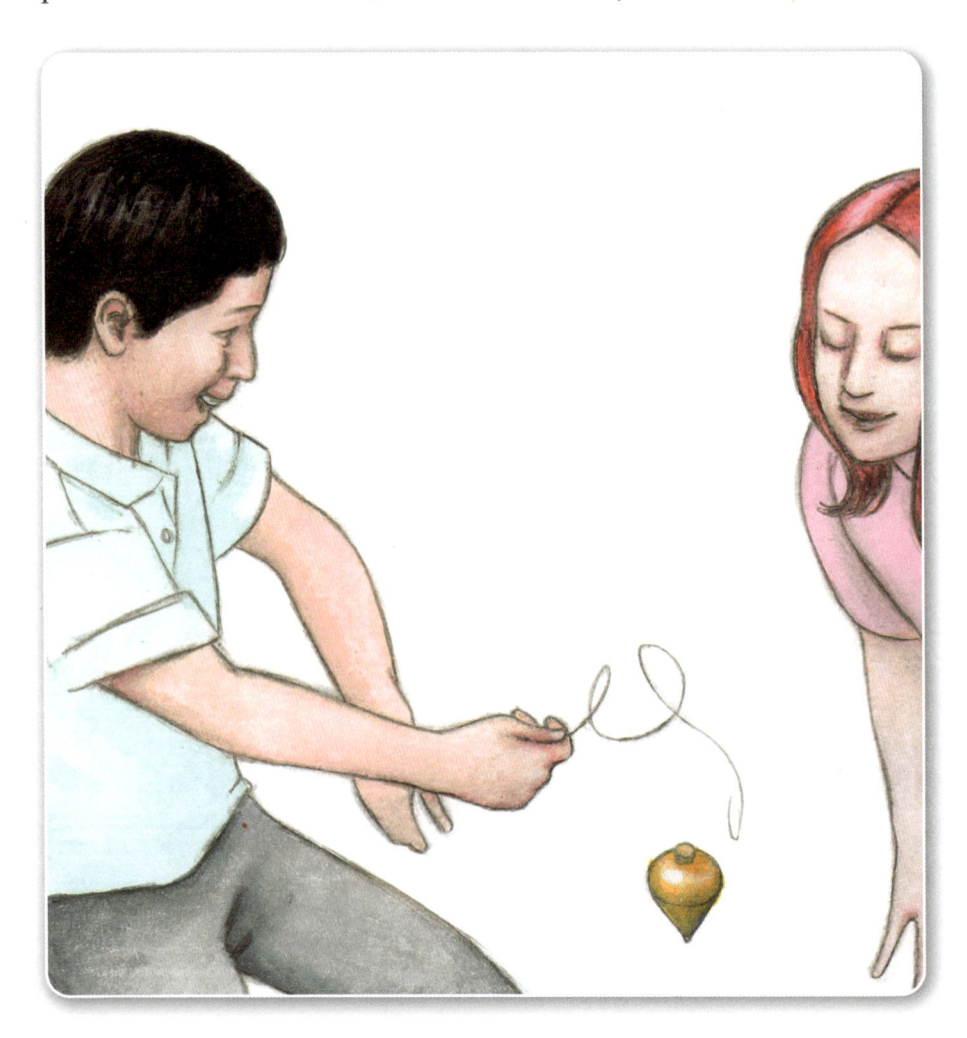

Câmara Cascudo descreveu a pequena peça como pinhão, brinquedo de madeira piriforme, com ponta de ferro, por onde gira pelo impulso do cordão enrolado na outra extremidade e puxado com violência e destreza. Sabe-se que o *strombos* dos gregos e o turbo dos romanos são o mesmo jogo de pião da atualidade.

Regras: Há vários jogos com o pião, por exemplo, cela, carniça, jogo da roda grande, corriola, entre outros. Estes consistem em arremessar o brinquedo ao chão, puxando-se uma corda, ou fieira, enrolada a seu corpo desde o pitoco, com o objetivo de colocá-lo em rotação e mantendo-o em pé com a ponta metálica para baixo, ou dormindo. É jogo solitário ou de competição grupal.

Sugestão de faixa etária: A partir de seis ou sete anos.

Benefícios: É uma atividade de exercício manual, que favorece a destreza por meio da força empregada ao lançar o pião.

Enfoque multidisciplinar: O pião promove a interação entre os participantes por meio de disputas (socialização), facilita a cooperação (solidariedade) quando um colega ensina o outro a manipular o brinquedo e possibilita a associação de atividades de coordenação visomotora com domínio de espaço e tempo (Matemática e Física).

m. Jogo simbólico:
CAVALO DE PAU

Origem: Cavalo ou cavalinho de pau é um brinquedo clássico entre as crianças, especialmente na primeira infância. Trata-se de um brinquedo com uma cabeça de cavalo presa a um pedaço de madeira, podendo ou não ser acompanhado de rodas.

Pode-se expandir também ao universo dos adultos, como uma peça servindo de base sobre a qual se constrói instrumentos folclóricos de manifestação comunal festiva em diferentes culturas (bumba meu boi, dança chinesa do dragão e outros). Esse brinquedo também está presente no quadro *Jogos infantis*, de Pieter Bruegel, datado de 1560 (ver página 77).

Como brincar: Aqui, a criança monta no cavalinho, correndo e se divertindo, conforme sua imaginação. Na brincadeira, pode-se usar apenas um cabo de uma vassoura ou um galho seco de árvore.

Sugestão de faixa etária: A partir de dois ou três anos.

Benefícios: Promove a interação com o mundo animal, além da coordenação motora ampla.

Enfoque multidisciplinar: O cavalo de pau possibilita que se concretizem as fantasias e as imitações do universo adulto (dramatização). Vale mencionar que o brinquedo pode ser confeccionado com sucata, garrafas PET, EVA ou malha, recheado de manta acrílica (Artes Plásticas).

Capítulo 2 - Retrospectiva Lúdica

> **n. Brincadeira tradicional:**
> **PETECA**

Origem: Embora seja considerado de origem japonesa, segundo pesquisadores, o jogo de peteca era considerado pelos índios uma atividade esportiva para aquecer o corpo durante o inverno, antes do descobrimento do Brasil (de origem tupi, *pe'teka* significa bater com a mão). Em festas e rituais das tribos indígenas, a peteca estava presente. Aproximadamente em 1940, o jogo foi realizado pela primeira vez em uma quadra esportiva, em Minas Gerais. Nos anos 1970, as partidas eram disputadas por pessoas de todas as idades, seguindo regras. Durante muito tempo, o jogo era apenas uma brincadeira, mas a partir de 1985 foi oficializado como esporte.

A peteca é constituída de uma base que concentra a maior parte de seu peso (geralmente feito de borracha) e uma extensão mais leve (em geral confeccionada de penas naturais ou sintéticas), com o objetivo de oferecer equilíbrio ou orientar sua trajetória no ar quando arremessada.

Regras: Nas partidas, são seguidas regras que possuem alguma semelhança com o voleibol, pelo fato de serem jogadas em um terreno dividido por uma rede. O elemento principal é a peteca, que se golpeia com a mão. Sua popularidade como jogo de tempo livre tem aumentado consideravelmente, tanto que, em alguns países europeus, como a Alemanha, existem três federações diferentes para o esporte.

Sugestão de faixa etária: Entre cinco e seis anos.

Benefícios: Como jogo de exercício, promove a coordenação motora ampla e visomotora manual, facilitando a destreza e a agilidade, e, como jogo de regra, envolvendo normas, possibilita a interação social e a agilidade mental, na antecipação de ações.

Enfoque multidisciplinar: A peteca pode ser usada em História, com a exposição das sociedades que praticam o jogo, e Física, por poder calcular a trajetória por meio de impulso, força e velocidade, e em Artes Plásticas e História, construindo o brinquedo segundo o estudo de determinada civilização.

o. Recreação: BALANÇA

Origem: Embora sua origem seja praticamente desconhecida, pesquisando sobre os parques infantis, em todos os tipos e localizações (países), encontramos a balança como um brinquedo de grande importância.

Ao perguntarmos para um adulto ou uma criança sobre o brinquedo, todos terão belas lembranças sobre ele por terem se divertido muito, algum tempo atrás.

O balanço, balança ou balancim pode ser confeccionado em lugares simples, na natureza, em parques urbanos e comunitários ou em condomínios com sofisticada estrutura. Com um pedaço de corda grossa, amarrada fortemente em um galho resistente de uma árvore, e uma tábua como assento, está pronta uma balança.

Como brincar: Basta a criança sentar-se, segurando firme na corda com as mãos, e impulsionar o corpo para trás, com as pernas unidas e esticando-as para frente, com força; ou então, que alguém empurre a pessoa no balanço para frente, soltando-a livre e rapidamente, desenhando o movimento pendular com o corpo.

Sugestão de faixa etária: A partir de dois anos, aproximadamente.

Benefícios: O balançar promove o desenvolvimento motor amplo, mais especificamente dos membros inferiores, o equilíbrio físico postural e a tonicidade muscular, por ser um jogo de exercício. Por estimular a estrutura neuroespinhal, é muito bom a partir dos dois anos, além de possibilitar que a criança construa noções de impulso, velocidade e tempo, quando se movimentar por si mesma.

Enfoque multidisciplinar: A atividade deve ser mantida até a idade escolar do Ensino Fundamental, pois as sensações e a consciência pela experiência são distintas em cada etapa do desenvolvimento. Também promove conhecimento na área da Física, entre outros benefícios.

p. Brincadeira tradicional: PIPA

Origem: Também conhecida por quadrado, papagaio, peixinho, pandorga, considera-se que a pipa foi inventada entre 400 e 300 a.C. por um grego da cidade de Tarena; já para os chineses, o brinquedo foi criado pelo general Han Sin, que confeccionou a primeira pipa em 206 a.C., para uso militar.

Como brincar: Em local bem distante dos fios elétricos, a criança segura na linha e vai soltando a pipa conforme a distância que quer alcançar, de acordo com a velocidade e a direção contrária ao vento.

Sugestão de faixa etária: A partir de sete anos.

Benefícios: A pipa favorece o desenvolvimento da orientação temporoespacial, a agilidade e a destreza para mantê-la no ar, a atenção, muita concentração e estratégias mentais para não cruzar nem perdê-la para os outros brincantes.

Enfoque multidisciplinar: A arte de empinar pipa promove o desenvolvimento da noção de velocidade, peso e força, além de conhecer a geometria existente (Física e Matemática); pela noção de clima, espaço físico e direção dos ventos, constroem-se conhecimentos geográficos (Geografia); sobre os movimentos diversos, desde o segurar a linha com os dedos até ao deslocamento do corpo para mantê-la no céu (Psicomotricidade).

Capítulo 2 - Retrospectiva Lúdica

q. Jogo de regras:
RESTA UM (SOLITÁRIO)

Origem: Conhecido também como solitário, esse jogo é praticado desde a civilização romana, merecendo inclusive uma menção em uma obra do poeta Ovídio. Diz uma lenda que, na sua forma atual, o jogo teria sido inventado pelo nobre Pellison, que, encarcerado, passava entretido por horas com o tabuleiro do jogo das raposas e gansos.

Regras: Inicialmente, o jogador movimenta todas as peças, eliminando uma a uma, até que reste apenas uma sobre o tabuleiro. Esse jogo exige um raciocínio apurado. Os movimentos legais são executados na horizontal e na vertical, "pulando-se" por cima das peças.

Sugestão de faixa etária: A partir de oito anos.

Benefícios: O jogo promove o raciocínio lógico e abstrato, a noção de espaço pelo movimento das peças; para fazer a melhor jogada, antecipa as ações mentais, desenvolvendo o pensamento estratégico.

Enfoque multidisciplinar: Os professores de Matemática, História e Geografia podem utilizar o resta um como projeto interdisciplinar, desde a sua origem até a construção de um modelo em sucata e explorá-lo.

Capítulo 2 - Retrospectiva Lúdica

> **r. Jogo de regras:
> TORRE DE HANÓI**

Origem: Existem várias lendas sobre a origem desse jogo, das quais a mais conhecida se refere a um templo cosmopolita, situado no centro do universo subaquático oceânico.

Diz-se que Brahma supostamente havia criado uma torre com 64 discos de ouro e mais duas estacas equilibradas sobre uma plataforma. Ele ordenou às pessoas que movessem todos os discos de uma estaca para outra. Segundo suas instruções, apenas um disco poderia ser movido por vez e nunca um maior deveria sobrepor um menor.

Quando todos os discos fossem transferidos de uma estaca para a outra, o templo iria se desmoronar e o mundo iria desaparecer. Esse jogo tornou-se muito popular na China Oriental.

Regras: A Torre de Hanói é um quebra-cabeça tridimensional que contém uma base com três pinos, tendo em um deles sete discos dispostos uns sobre os outros, em ordem crescente de diâmetro, de cima para baixo. O mais importante é passar todos os discos de um pino para outro qualquer, usando o terceiro como auxiliar, mas respeitando sempre que o disco maior esteja embaixo de outro menor. O número de discos pode variar, e o mais simples contém apenas três. O jogador deve passar apenas um disco de cada vez.

Sugestão de faixa etária: A partir de sete anos.

Benefícios: Esse quebra-cabeça é um jogo de exercício e de regras, auxiliando no raciocínio lógico e estratégico fundamentalmente, bem como na visão espacial.

Enfoque multidisciplinar: A Torre de Hanói pode preparar a criança para jogos que exijam o uso do pensamento lógico e a antecipação mental (Matemática e Física).

s. Jogo de regras: DOMINÓ

Origem: O dominó surgiu na China, cuja criação é atribuída a um santo e soldado chinês chamado Hung Ming, que viveu de 243 a.C a 182 a.C. O nome provavelmente deriva da expressão latina *Domino gratias* (Graças a Deus), proferida pelos padres europeus para assinalar a vitória em uma partida.

O jogo é composto de 28 peças (pedras) chatas, retangulares, de madeira, osso, marfim ou matéria plástica (podem ficar em pé na mesa), com pontos marcados de zero (vazio) a seis, formando as combinações dois a dois das sete variáveis: zero, um, dois, três, quatro, cinco e seis.

Regras: No Brasil, a forma mais comum de jogar é entre duplas (4 jogadores, 2 x 2), em que cada jogador recebe sete peças. Também se pode jogar com dois jogadores com sete pedras cada um e catorze pedras para comprar no caso de o oponente não ter a pedra da vez. O objetivo é baixar todas as peças em primeiro lugar, ou fechar o jogo (menos habitual).

Sugestão de faixa etária: De seis a sete anos.

Benefícios: O dominó auxilia na contagem organizada, na representação decimal, na paridade, no conhecimento combinatório e matricial (construção de um jogo em sucata) ou na construção de material para laboratórios de ensino.

Enfoque multidisciplinar: Na aula de Matemática, o professor encontrará no dominó um ótimo recurso para desenvolver o raciocínio abstrato, hipotético e dedutivo. O uso desse recurso cria condições que favorecem o desenvolvimento do pensamento estratégico da criança ou do adolescente. Podem ser confeccionados diversos tipos de dominó, entre os quais dominó de cores, temáticos (Biologia), de palavras e figuras correspondentes (Alfabetização), de nomes e desenhos dos Estados brasileiros (Geografia), de tabuada (Matemática), entre outros exemplos.

t. Jogo de regras: PEGA-VARETAS (PALITO CHINÊS)

Origem: Pega-varetas, também conhecido por *mikado*, é um antigo jogo de destreza manual. No Brasil, é fabricado pela Estrela® desde os anos 1960, sendo comercializado posteriormente por diversas empresas de brinquedos.

Regras: Na variante mais comum, consiste em várias varetas coloridas (de aproximadamente 20 centímetros) e uma vareta preta, que pode ser jogado por dois a seis jogadores. No início do jogo, o feixe de varetas é jogado ao acaso na mesa, para que os jogadores tentem pegar aquelas de sua respectiva cor. Após jogá-las, cada jogador deve, em seu turno, tentar retirar quantas varetas puder sem que nenhuma das outras se mova. Quando essa tentativa for frustrada, passa a ser a vez do próximo jogador.

Em alguns casos as varetas são pontuadas de acordo com as cores; em outros, há uma vareta especial, a de cor preta, que, quando apanhada, pode ser utilizada para ajudar a retirar as demais. De modo geral, as varetas podem ter a seguinte pontuação:

- Amarela: 5 pontos;
- Verde: 10 pontos;
- Vermelha: 30 pontos;
- Preta: 100 pontos.

Sugestão de faixa etária: De seis a sete anos.

Benefícios: Colabora para o desenvolvimento da destreza oculomanual (Psicomotricidade Fina), da atenção, da observação, da estratégia mental e do pensamento lógico.

Enfoque multidisciplinar: Em Matemática, cada jogador tem de controlar a soma das suas varetas e também a de seus adversários, entendendo a geometria montada aleatoriamente pelas varetas. Também pode ser confeccionado um jogo próprio (Artes Plásticas).

> **u. Jogo de regras:
> QUATRO CORES**

Origem: O jogo das quatro cores foi criado em 1852, por Francis Guthrie, recém-graduado, que percebera que a maioria dos mapas dos atlas era pintada com quatro cores, respeitando-se o critério de não pintar dois países vizinhos com a mesma cor, em território contíguo. Assim, ele pediu a seu irmão Frederick, que, como ele, era um aluno da Universidade de Londres, que demonstrasse matematicamente essa situação. Ninguém conseguiu a resposta durante anos; esta foi solucionada somente em 1976, nos Estados Unidos, depois de seis anos de estudos computacional, como o Teorema das Quatro Cores (Macedo, Petit e Passos, 1997).

Regras: O objetivo do jogo é pintar uma figura toda, demarcada em regiões, seguindo as regras. Para isso, deve-se usar até quatro cores no máximo, evitando repeti-las nas regiões vizinhas.

Sugestão de faixa etária: A partir de seis anos.

Benefícios: Esse jogo favorece o desenvolvimento das noções de espaço, de vizinhança e de limites, bem como da orientação e visão espacial em topologia. Também aprimora o raciocínio lógico, por ensaio e erro, e depois por antecipação mental da ação.

Enfoque multidisciplinar: Pode ser utilizado nas aulas de Geografia, História e Artes, e, também, no preparo para uma atividade que exija raciocínio lógico, ilustrando a visão construtivista do erro para a aprendizagem.

> **v. Jogo de regras:**
> **SENHA**

Origem: Conhecido no exterior como Master Mind, esse jogo foi criado em 1971 por Mordechai Meirovitz. Atualmente, existem duas versões oficiais, sendo uma da empresa brasileira Grow® e a outra, da inglesa Invicta Plastics®. Na versão inglesa, há a informação de que a senha foi premiada como o jogo do ano (Macedo, Petit e Passos, 1997).

Regras: Um dos jogadores cria uma senha, composta de pinos de cores diversas. O outro competidor deve identificar as cores escolhidas, por meio de dedução, mediante as informações que o desafiante lhe oferece durante o jogo e as propostas recebidas. Talvez a única parte do jogo que pode entediar é quando, enquanto um jogador raciocina, o outro pouco ou nada faz, a não ser esperar, desconcentrando-se das hipóteses mentais que deve realizar nesse período sobre o oponente.

Sugestão de faixa etária: A partir de oito anos, como iniciante.

Benefícios: O principal atributo da senha é favorecer o desenvolvimento do raciocínio lógico por meio do desafio expresso pela comunicação, de ordem social ou cultural; ou seja, durante a jogada, é importante a concentração de ambos os competidores, para que se interpenetrem e descubram quais são suas atitudes mentais, para que um deles encontre a solução (assimilação funcional: em questão de jogo, "sempre dependemos de algo, que, em algum nível, encontra-se fora de nós" (Idem, 1997, p. 52).

Enfoque multidisciplinar: O jogo é um excelente recurso para ser utilizado em Matemática, antes de o professor explicar uma operação nova, oferecendo-o como estímulo à descoberta. É indicado para interação ou para sala de jogos.

CAPÍTULO 3
BRINQUEDOTECA: ORIGEM, CONCEITO E OBJETIVOS

3.1 Origem e dados recentes

Segundo relatos históricos de Cunha (1992), a sugestão para a criação de um espaço infantil para brincar surgiu em Los Angeles, em 1934, quando a direção de uma escola percebeu que as crianças chegavam atrasadas por causa de uma loja de brinquedos que havia no caminho, cujo proprietário reclamou sobre alguns furtos feitos pelos alunos. Assim, iniciou-se um serviço comunitário – o empréstimo de brinquedos para que os alunos os levassem para casa e brincassem com eles; tal atividade existe até hoje.

Posteriormente, com a divulgação desse empréstimo, apareceram na Suécia, em 1963, duas professoras e mães de crianças com necessidades especiais que fundaram a *Lekotek* (ludoteca, em sueco). Nesse espaço, profissionais especializados interagiam com as crianças e orientavam os pais sobre como estimular seus filhos a brincarem em seu lar. Quando a criança não podia se deslocar até a *Lekotek*, algum agente ia até sua residência, levando os brinquedos de acordo com suas necessidades.

A *Lekotek* atende somente crianças com necessidades especiais ou que estejam sofrendo algum prejuízo em seu desenvolvimento, realizando um trabalho individualizado e utilizando brinquedos que supram as necessidades específicas de cada caso. Quatro anos depois, em 1967, surgiram as Toy Libraries, bibliotecas de brinquedos internacionais, prossegue Cunha.

No início de 1971, em São Paulo, foi inaugurado o Centro de Habilitação da Associação de Pais e Amigos dos Excepcionais (Apae). Nessa ocasião, realizou-se uma exposição de brinquedos pedagógicos, com o objetivo de informar os interessados sobre o que havia no mercado para a utilização das crianças, estudantes e profissionais da área. Diante da importância despertada, tal acervo tornou-se um setor de recursos pedagógicos da Apae; em 1973, o local transformou-se em uma ludoteca, com sistema de rodízio, semelhante a uma biblioteca circulante.

Em 1974, realizou-se no Pavilhão do Anhembi, em São Paulo, o Congresso Internacional de Pediatria. Na ocasião, pediatras suecos, liderados pelo dr. John Lindt, apresentaram um trabalho sobre o brinquedo na recuperação de crianças hospitalizadas e na preservação da saúde mental dessas. Como esse profissional conhecia as atividades da Apae, tudo contribuiu para que a instituição se valorizasse mais ainda. No entanto, foi somente em 1978, em Londres, que ocorreu o primeiro congresso internacional sobre o assunto. Tais eventos são promovidos pela International Toy Libraries Association (Itla), a cada triênio, em países diferentes.

Vale ressaltar que os congressos já foram abraçados por vários países com os mais variados temas (idem), sendo o primeiro realizado há trinta anos. A seguir, está uma relação de todos os eventos, inseridos ao longo da linha cronológica da história:

> 1) Em 1978, em Londres (Inglaterra), com o tema: "Brinquedoteca é trabalho de equipe" ("Toy Libraries are Teamwork").
> 2) Em 1981, em Estocolmo (Suécia), com o tema: "A brinquedoteca e a sociedade" ("Toy Library in Society").
> 3) Em 1984, em Bruxelas (Bélgica), com o tema: "O brincar é uma linguagem" ("Play is a Language").
> 4) Em 1987, em Toronto (Canadá), com o tema: "Partilhando através do brincar" ("Sharing through Play").
> 5) Em 1990, em Turim (Itália), com o tema: "Brincar é para todos" ("Play is for All").

6) Em 1993, em Melbourne (Austrália), com o tema: "Encontro mundial sobre o brincar" ("Environments for Play").

7) Em 1996, em Zurique (Suíça), com o tema: "Todo lugar é espaço de brincar" ("Every Place is Play Space").

8) Em 1999, em Tóquio (Japão), com o tema: "Brincar na sociedade" ("Play in Society").

9) Em 2002, em Lisboa (Portugal), com o tema: "Brincar é crescimento" ("Playing is Growing").

10) Em 2005, em Gauteng (África do Sul), com o tema: "Construindo um mundo melhor através do brincar" ("Building a Better World Through Play").

11) Em 2008, em Paris (França), com o tema: "Brinquedos e jogos nas brinquedotecas" ("Toys and Games in Toy Libraries").

12) Em 2011, em São Paulo, pela primeira vez na América Latina, mais um congresso da Itla, com o tema: "A brinquedoteca de hoje em dia" ("The Toy Library Nowadays").

Destacamos que em 1981, em Estocolmo (Suécia), na época da conferência, ao visitar Ivonny Lindiquist (autora do livro *A criança no hospital: terapia pelo brinquedo* [1993], fruto do trabalho realizado sobre o brinquedo introduzido em hospital, em 1956), Nylse conheceu o professor doutor John Lindt, do Hospital Infantil Karolinska.

Na ocasião, o especialista disse a Nylse: "Depois que conheci o trabalho da Ivonny com brinquedos em hospital, eu não sei como me foi possível antes trabalhar como pediatra sem utilizá-los!"

No Brasil, as brinquedotecas começaram a surgir na década de 1980. Entre as primeiras a serem instituídas, está a Brinquedoteca Indianópolis, com a coordenação de Cunha, em 1981. Em 1982, surgiram outras salas pelo Brasil, como em Natal (RN), em

Capítulo 3 - Brinquedoteca: Origem, Conceito e Objetivos

[Crédito: B. P. Gimenes]

Nylse na Brinquedoteca Indianópolis, 2001 (vinte anos após a criação).

que foi criada a primeira Brinquedoteca para a Educação Especial Nordestina. Ainda nesse ano, surgiu a Associação Brasileira de Brinquedotecas (ABBri), criada por Cunha (1992).

Enquanto isso, na região da Grande São Paulo, corriam os documentos para em dezembro desse ano ser criada a Brinquedoteca Meimei, uma das primeiras no Brasil dentro de uma organização assistencial para crianças com recurso econômico mínimo, na cidade de São Bernardo do Campo (SP), região que abrigaria um dos primeiros núcleos da ABBri, coordenado por Gimenes.

Fundada em 1983, inicialmente suas atividades e seus cantos lúdicos específicos passaram a funcionar nas salas da Creche Meimei, construída em um prédio emprestado pela Prefeitura Municipal (Gimenes, 1998; 2003). Somente em 1985, passou a funcionar na sede da instituição, construída em terreno comodato com a PMSBC (ver subitem Brinquedoteca psicopedagógica).

Na capital de São Paulo, em 1983, a ABBri por sua vez ministrou seu primeiro curso com um professor estrangeiro, comemorando a instalação de sua sede nas dependências do Instituto

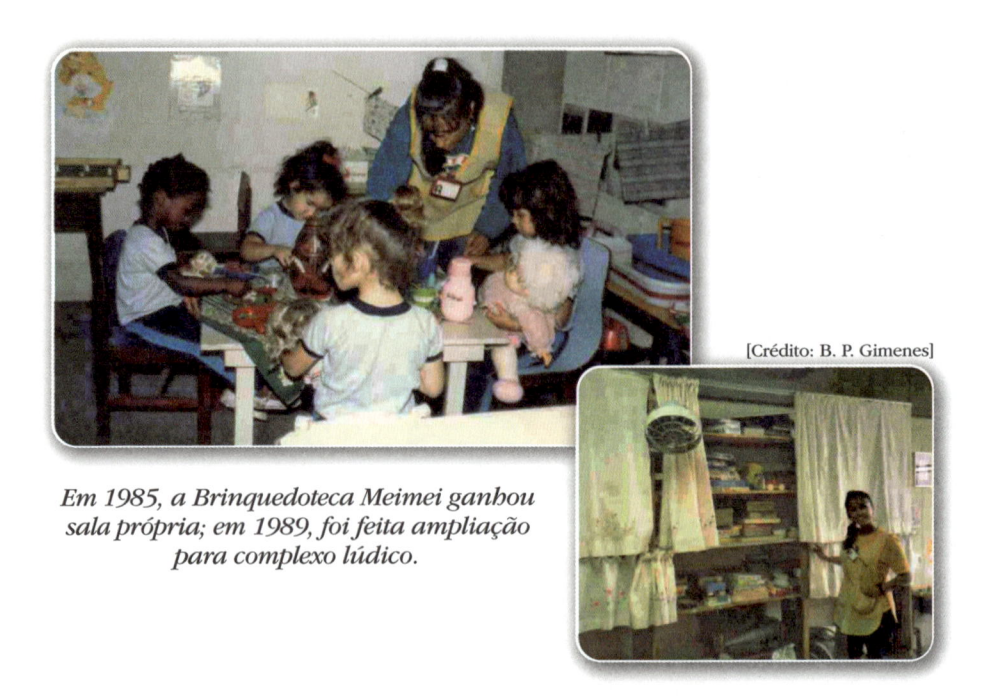

Em 1985, a Brinquedoteca Meimei ganhou sala própria; em 1989, foi feita ampliação para complexo lúdico.

[Crédito: B. P. Gimenes]

Indianópolis, no qual participaram Nylse Cunha, Marilena Flores, Leni Magalhães Mrech e outros. O professor doutor Raimundo Dinello pertencia ao corpo docente da Universidade de Bruxelas, na época em que veio ao Brasil. Como alunos das aulas de expressão corporal, estavam vários profissionais atualmente reconhecidos em sua área do saber, como Maria Júlia Kovács, Tizuko Morchida Kishimoto, Leni Magalhães Mrech e outros.

No ano seguinte, em janeiro de 1984, esse profissional participou, com a ABBri e demais instituições, em evento comemorativo no Sesc Pompeia sobre o brincar. Anos depois, em 1988, foi um período muito importante para o brincar e as brinquedotecas. A ABBri formava a primeira turma de brinquedistas, nas dependências da Escola Indianópolis, que atualmente se tornou instituto.

Na Faculdade de Educação da USP (FE/USP), a professora doutora Tizuko Morchida Kishimoto fundava a brinquedoteca universitária (criada em 1984), estruturada para servir de aprendizado aos graduandos do local e recebendo crianças com visitas agendadas previamente. Esse projeto faz parte do Laboratório de Brinquedos e Materiais Pedagógicos da Faculdade de Educação da Universidade de São Paulo (Labrinp), concentrado em uma oficina e museu-sala (Friedmann, 1992, p. 254).

Em São Bernardo do Campo foram realizados o 1º Congresso da Associação Brasileira de Brinquedotecas, o 2º Congresso Nacional de Educação, o 4º Simpósio de Educação Pré-Escolar e o 3º Encontro de Profissionais do Método Perdoncini, promovidos pela Secretaria de Educação Municipal.

Assim, entre os dias 27 a 30 de julho de 1988, uma das primeiras brinquedotecas públicas brasileiras foi inaugurada, contígua a uma biblioteca municipal bernardense, oferecendo uma oficina ministrada por Nylse. Nesse evento, foi lançado o número inicial do *Informativo da ABBri – O Brinquedista.* "Daqui a vinte anos, pré-escolas poderão ser brinquedotecas", previu a professora. Essa era uma das manchetes no *Em Foco* (São Bernardo do Campo, nº 2), referente à participação da ABBri, e sobre a palestra de Cunha realizada no Teatro Elis Regina, relatando da "convicção da professora [...], sobre um pouco de sua experiência pessoal e do que tem visto e ouvido no mundo sobre o tema".

De acordo com o que foi transcrito nesse jornal, Nylse informou que conhecia pelo menos 25 brinquedotecas somente no Brasil. Ela descreveu sobre a importância desses espaços, na Suécia, dizendo que, quando uma criança apresentasse alguma perturbação, por alguma causa, ela era levada à ludoteca. Ressaltou que, na Inglaterra, havia cerca de mil brinquedotecas, sendo algumas especializadas em deficiências específicas. Também discorreu sobre o sentido sagrado do brincar para a formação do pensamento e da personalidade da criança, indagando o público presente sobre: "Se um garoto não se concentrar hoje, se não tiver tempo para si, como vai descobrir o poeta, o cientista, que existe dentro dele?" Por fim, fez críticas sobre o fato de a criança ser obrigada a se tornar adulta mais cedo, "muito

[Créditos: Acervo ABBri e B. P. Gimenes]

O Brinquedista, número 1, e Brinquedoteca são-bernardense, uma das primeiras públicas no Brasil. São Bernardo do Campo (SP), 1988.

organizada e conformada à vontade e ao projeto dos adultos, alfabetizada já a partir dos três anos".

Diante desta leitura, podemos deduzir a visão futurista de Cunha ao afirmar tantas verdades antes de seu tempo, mesmo perante a perplexidade da imprensa.

Mal sabíamos que, em 1998, somente dez anos mais tarde, a LDB, por meio dos RCNEI, iria instituir o brincar como obrigatório na Educação Infantil. Vinte anos depois, existem muitas escolas de qualidade para a infância com grandes brinquedotecas em suas estruturas. Nossos agradecimentos a Nylse Helena da Silva Cunha e aos demais profissionais colaboradores na campanha sobre o brincar, em nome de todas as crianças brasileiras!

Entre 1988 e 1989, Gimenes participou dos fóruns regionais em São Bernardo do Campo para a instituição do Estatuto da Criança e do Adolescente como Lei Federal (ECA). Ainda nessa época, instituiu aulas de valorização da vida, sempre iniciadas com atividades lúdicas, com uma equipe de voluntários da Meimei, dentro da segunda Cadeia Pública de São Bernardo do Campo, de cujo grupo participou até 1992, realizando pesquisas piloto com jogos de regras. A partir daquele ano, Nylse realizou cursos pelo Brasil afora, entre as Regiões Nordeste e

Sul, e no exterior, capacitando profissionais ou interessados na área do brincar, levando este conceito lúdico aos quatro cantos da nação brasileira e representando-o no mundo em eventos afins.

Em 2001, o Primeiro Fórum Nacional Sobre o Brincar promovido pela ABBri, nas dependências das Faculdades Metropolitanas Unidas (FMU), promoveu a participação e a integração de pessoas e entidades de renome da vida acadêmica e do terceiro setor, além de diversos artistas, todos aqueles que trabalhavam em prol de a criança brincar ou que comungavam ideias afins.

Muitos profissionais brincantes puderam estreitar os laços de amizade nesse evento da ABBri, como: Maria Salete G. da Silva (UniFMU), Santa Marli P. dos Santos (UFSM/RS), Vera B. Oliveira (Umesp), Edda Bomtempo (IP/USP), entre outros.

Nesse evento, a Instituição Assistencial Meimei foi convidada a expor as salas ambientes lúdicas que compõem o Complexo Meimei, em mesa redonda coordenada por Santa Marli Pires dos Santos, entre outras experiências, como as brinquedotecas da Pastoral.

A ABBri, por meio de Nylse, colaborou com a pastoral na formação de dezenas de brinquedistas e brinquedotecas pelo Brasil, estruturando uma cartilha que foi adotada pela organização na época.

A partir da maior aproximação entre Beatriz e Nylse, todos os cursos de brinquedistas ou sobre brinquedotecas que fossem requisitados no Grande ABC eram direcionados para a ABBri, em que Gimenes se efetivou como membro da equipe docente dessa associação.

Convém ressaltarmos que os termos brinquedoteca e brinquedista (profissional capacitado para atuar na brinquedoteca e que a ela pertence para sua sobrevivência) foram criados por Nylse em 1992, apesar de o primeiro já ter sido incluído nos dicionários de língua portuguesa. Não é um termo estrangeiro, engessado, trazido de fora, como muitos educadores pensam por desconhecer a sua história.

A ABBri, associação sem outros fins senão beneméritos, até os dias de hoje, tem lutado muito para que o *brincar* seja respeitado nas políticas públicas e que haja a implantação de brinquedotecas por todo o Brasil, como são as bibliotecas, a fim de melhorar a qualidade de vida infantil e intergeracional na nação brasileira.

Já ouvimos discursos em que pessoas experientes na área lúdica desmereçam o termo brinquedoteca, afirmando que a palavra ressalta os brinquedos e não o brincar. E isso nos tem causado sempre várias indagações.

Fazendo uma analogia do brincar e do brinquedo com a leitura e o livro, nós nos perguntamos: será que a palavra livro desvincula-se do leitor ou do ato de ler? Será que o termo *biblioteca* enfoca apenas os livros? Certamente que não!

No entanto, podemos pensar: lemos somente livros? Certamente que não! De modo semelhante, deduzimos que não se brinca com brinquedos somente. Continuando nessa linha de pensamento, afinal, qual é a definição de brinquedo?!

Esse termo já foi estudado em capítulo anterior, contudo, convém ressaltarmos que qualquer material que proporcione prazer ou interesse em uma interação humana implica a presença lúdica; ou seja, qualquer que seja o espaço independente do nome dado – brinquedoteca, ou sala do brincar, ou espaço do brincante, ou quintal da brincadeira –, todos serão sinônimos se cumprirem com a filosofia básica para a ABBri: "Espaço que facilite o livre brincar, encantando e promovendo o desenvolvimento pleno da criança!"

Assim, essa organização jamais condena o brincar espontâneo *nos quintais do Brasil,* como muitos discursam equivocadamente; ao contrário, luta para garantir que todas as crianças possam brincar, independentemente de terem grandes espaços ou não, com brinquedos naturais criados ou comprados em loja.

Então, vivendo em um palácio ou mesmo em uma favela, ainda assim, ela tem o direito de ser criança, de explorar todas as formas de brincar e de brinquedos existentes. Vale lembrar que a inteligência infantil deve se desenvolver plenamente, independente da classe social em que a criança vive. Daí, as brinquedotecas!

No Brasil, depois de 2001, no novo milênio e no novo século, a ABBri iniciou uma nova fase, com força total, fazendo novas alianças e criando outros núcleos. Desde a sua criação, a instituição tem promovido nos períodos de férias dois cursos anuais de formação de brinquedistas, além de realizá-los em locais que os solicitam, com representantes, e participado de eventos que prestigiam o brincar em campanhas e movimentos pela a infância e outras atividades.

Convém ressaltarmos que, em maio de 2003, a ABBri promoveu pela primeira vez em parceria com a Associação Paulista de Medicina (APM) o evento I Jornada de Brinquedoteca Hospitalar: O Lúdico no Resgate da Saúde, que contou com a participação de brinquedistas e afins de todo o Brasil, estabelecendo parceria para muitos eventos. Na ocasião, foi lançado o símbolo da brinquedoteca hospitalar, o ursinho com curativos e tala no braço, próximo ao logotipo da ABBri, concretizando uma longa parceria com a APM. Participaram dessa jornada muitos profissionais, como Dráuzio Viegas, pediatra, que sempre lutou pela causa do brincar e da criança hospitalizada, Maria Júlia Kovács, do Instituto de Psicologia da USP, entre outros.

Naquele mesmo ano, a ABBri promoveu o Dia Internacional do Brincar, em parceria com o Instituto Laramara, reunindo coordenadores de outras entidades em suas dependências, como Adriana Friedmann, Marilena Flores e outros, cujo evento culminou com a palestra de Celso Antunes. No final, houve interação lúdica entre as pessoas do público, por meio do lançamento de bumerangues, que foram doados por uma empresa.

Entre 2003 e 2010, muitos fatos importantes aconteceram, porém envolveria um livro específico para relatar essa história. Destacamos, apenas, que no fim de outubro de 2009, a ABBri participou do evento intitulado II Semana de Valorização da

Infância e Cultura da Paz: O Brincar na Construção da Paz, realizado no Auditório Petrônio Portela, em Brasília, com transmissão direta via TV Senado e internet.

Na ocasião, participaram o professor Vital Didonet, da Omep; o doutor Richard Tremblay, diretor do Centro de Excelência para o Desenvolvimento da Primeira Infância, da Universidade de Montreal (Canadá); vários políticos, entre os quais o senador Pedro Simon, autor da Lei Infância e Paz (Lei nº 11.523/2007), que instituiu a Semana Nacional de Prevenção da Violência na Primeira Infância; além do presidente da Sociedade Brasileira de Pediatria, representante da Unesco e de Embaixadas.

Apoiando esse evento, estavam mais de 35 organizações, sendo aquelas com parceria especial; as institucionais, entre as quais a IPA, a ABBri, os Doutores da Alegria, o Museu da Infância, a Omep/Brasil, o Zero a Seis, a Arte @ Metro, a Unicef, a Unesco, a Fundação Abbrinq e outras. Também contaram com o

[Crédito: S. R. O Teixeira]

Sirlândia R. O. Teixeira em brinquedoteca comunitária e "criança presente"'.
Dia Feliz da FIG-Unimesp. São Paulo, 2009.

apoio do Canadá, da República Francesa. Houve conferência, painéis, cursos e oito oficinas, das quais uma foi oferecida pela ABBri, com o tema Brinquedoteca como Equipamento da Saúde, realizada por Gimenes.

Para concluir, vale citar que a ABBri tem se expandido, desejando se ampliar cada vez mais, por todo o território nacional. Depois de 2007, a diretoria da associação oficializou como núcleos os seus sócios e conselheiros que vinham, há certo tempo, desenvolvendo atividades sobre o brincar e brinquedotecas na região em que atuavam. Como exemplo, estão o Núcleo Gaúcho desde 1990, liderado por Santa Marli Pires dos Santos; o núcleo ABBri-Grande ABCD, coordenado por Beatriz Piccolo Gimenes, desde 1992; e os núcleos criados depois de 2000, o Núcleo ABBri-Curitiba, coordenado por Ingrid Fabian Cadore. Em Araraquara, no interior de São Paulo, há o núcleo criado por Lucy Alves Correia. É importante citar também o núcleo em Ubatuba, no litoral paulista, coordenado por Renata Martins, e o mais recente, o Núcleo Guarulhos, que se situa na cidade próxima à capital de São Paulo, liderado por Sirlândia Reis de Oliveira Teixeira e suas colegas professoras.

3.2 Conceito e características

"A brinquedoteca não se restringe a um simples espaço cheio de brinquedos somente, há muito mais". Retomando o pensar de Nylse, há uma filosofia que embasa esse espaço lúdico de maneira muito sublime, quando afirma que, ao criarmos uma brinquedoteca, empenharemos um esforço com o intuito de preservar a infância, fortalecendo-a com recursos fundamentais ao crescimento "da alma e da inteligência da criança". E prossegue, exaltando que essa área lúdica não representa a chance de se relacionar com os brinquedos apenas – é muito mais que isso, pois encerra uma filosofia educacional focada "para o respeito

Pinturas de paredes da Brinquedoteca-modelo da FIG-Unimesp. São Paulo, 2007.

[Crédito: B. P. Gimenes]

ao 'eu' da criança e às potencialidades que precisam de espaço para se manifestar" (Cunha, 1992, p. 38).

Qual é a característica fundamental apresentada pela brinquedoteca? Para sua defensora, esse espaço tem de ser um lugar mágico e tocável, "onde tudo convida a explorar, a sentir, a experimentar" (p. 36).

Assim, de maneira simples, podemos conceituar uma brinquedoteca como um espaço limitado (fechado ou ao ar livre), cujo interior encanta a todas as pessoas; entre suas características, estão apresentados quatro subespaços lúdicos, sendo um com situações concretas do mundo de faz de conta (cozinha, quarto, bonecas, carrinhos etc.), contíguo ao de fantasias, acessórios, livros e instrumentos musicais. Do outro lado, possui uma estante com muitos jogos de acoplagem e de regras, com mesa para montar e jogar, contígua à outra, com gôndolas repletas de sucata e de material de artes plásticas. Ali é permitido brincar com todos os objetos disponíveis, favorecendo o desenvolvimento pleno das potencialidades humanas em qualquer idade.

▶▶ FUNÇÕES

Cunha (1992) revela algumas funções que a brinquedoteca pode assumir, além das mencionadas:
• Atender nos segmentos de saúde mental ou terapêutica (Gimenes, 2006, 2007);
• Facilitar brinquedos que atendam às reais necessidades da criança;
• Atender crianças com necessidades especiais;
• Promover a condição de resiliência pelo brincar (termo da Física utilizado pela Psicologia e pela Saúde para dizerem que, ainda que esteja submetida à pressão emocional ambiental por muito tempo, por intermédio do brincar, a criança poderá voltar ao estado psíquico harmônico anterior);
• Resgatar o tempo, o espaço e o brincar.

Destaca, também, alguns fatores que interferem e prejudicam a qualidade do trabalho na brinquedoteca, como:
• Quando houver a preocupação com que a criança aprenda por meio de seu brinquedo, superando a dinâmica lúdica do brincar;
• Se não existir o papel de um brinquedista;
• Se existir um brinquedista e se esse não souber o objetivo de sua função claramente;
• E, mais preocupante, se esse estiver em uma brinquedoteca, mas não der a devida importância ao brincar;
• Ou, o mais agravante, se não gostar de brincar!

Assim, comungamos com a proposta de brinquedoteca criada por Nylse, que é a do brincar pelo brincar simplesmente, sem visar aprendizagem ou terapia; ou seja, a dinâmica lúdica do brincar acontece em sua plenitude, quando ultrapassa qualquer dimensão particular, ou melhor, é a manifestação da faculdade natural da criança, sem objetivo específico que a caracterize como tal; brinca-se com o que quiser e do jeito que desejar!

3.3 Objetivos e classificação

Além do conceito e das funções assumidos pela brinquedoteca, convém analisarmos os objetivos gerais pelos quais ela é criada.

Sendo a brinquedoteca um espaço para o livre brincar, então, de acordo com o local em que ela se situa, poderemos acoplar outros objetivos específicos concomitantes, possibilitando-lhe novas funções e com determinadas características.

▶▶ OBJETIVOS

No entanto, sugerimos alguns objetivos gerais, básicos e comuns, que todas as modalidades de brinquedotecas devam contemplar:

- Proporcionar um espaço onde a criança possa brincar sossegada, sem cobranças e sem sentir que está atrapalhando ou perdendo tempo;
- Estimular o desenvolvimento de uma vida interior rica e a capacidade de atenção e concentração, quando necessárias;
- Favorecer o equilíbrio emocional e dar oportunidade à expansão de todas as potencialidades;
- Desenvolver a inteligência, a criatividade e a sociabilidade;
- Incentivar a valorização do brinquedo como atividade geradora de desenvolvimento intelectual, emocional e social;

- Enriquecer o relacionamento entre as crianças e suas famílias;
- E, obviamente, proporcionar a manutenção da saúde mental, a aprendizagem, pela construção de novos conhecimentos, e o desenvolvimento de habilidades, de forma natural e agradável.

Dependendo do local e para que se dispõe, a brinquedoteca pode ser classificada em quatro grandes classes:

3.3.1 Brinquedoteca comunitária

É assim denominada quando está localizada em uma propriedade pública e/ou com livre acesso à comunidade, com os espaços para brincar, ou quando é apenas para empréstimo de material lúdico; e ainda, se estiver sem um endereço fixo, sendo feita para circular por vários lugares, como uma brinquedoteca itinerante, apresentando-se pelas regiões periodicamente.

3.3.2 Brinquedoteca psicopedagógica

Classifica-se dessa forma quando atua no interior de uma instituição escolar, sendo em creche, ou na Educação Infantil, ou nos Ensinos Fundamental ou Médio; ou em uma universidade, como um laboratório pedagógico para os graduandos; ou em alguma instituição assistencial, como apoio socioeducativo diário, em períodos extraescolares.

3.3.3 Brinquedoteca hospitalar

É assim denominada se estiver estruturada dentro de um hospital ou clínica de saúde; e, ainda, aquelas especializadas, que consideramos subclasses dessas já citadas.

3.3.4 Brinquedoteca especializada (caracterizada segundo seus frequentadores)

Quando a brinquedoteca assume um caráter específico, além do brincar espontâneo, pode ser classificada como:
- *Terapêutica*: se os participantes tiverem algum comprometimento na saúde e forem atendidos por profissionais das áreas que exerçam o seu papel, por exemplo, psicólogos, fonoaudiólogos, terapeutas ocupacionais, fisioterapeutas, pediatras, enfermeiros e outros;
- *Geriátrica*: se atender pessoas idosas, com o intuito de regeneração e manutenção da saúde orgânica;
- *Educacional de reeducandos* (termo usado no meio prisional): quando os atendidos forem adolescentes ou adultos infratores da lei.

No próximo capítulo, será detalhado e exemplificado cada tipo de brinquedoteca.

CAPÍTULO 4
TIPOS DE BRINQUEDOTECAS

4.1 Brinquedotecas comunitárias

A escola, a família e a comunidade representam espaços privilegiados de interação e de constituição do sujeito-criança como individualidade humana, produto e produtor de história e cultura. Além disso, entendemos que o papel do adulto é fundamental nessas ações e na criação de espaços, providenciando os materiais adequados e, principalmente, interagindo com as crianças. Portanto, para que qualquer objetivo traçado seja atingido e os benefícios sejam concretizados, o melhor processo para que isso aconteça é por meio de brincadeiras.

A França é um dos países pioneiros na instalação de brinquedotecas para a comunidade. As brinquedotecas públicas são construídas nos bairros considerados *sensíveis*, com o intuito de minimizar o comportamento agressivo de crianças e adolescentes, incrementando a qualidade de vida.

▶▶ OBJETIVOS

Segundo Kishimoto (1993), a brinquedoteca comunitária, além de cumprir seu objetivo maior, o livre brincar, pode estar voltada para o aprender. Também é um local onde alguns objetivos podem ser atingidos, como:

- Possibilitar a interação com brinquedos a todos os segmentos sociais;
- Criar um espaço para a expressão da cultura infantil e integração social (p. 53);

• Promover a autonomia infantil por possibilitar a livre escolha sobre o que brincar;
• Favorecer encontros entre jogadores de qualquer idade;
• Oferecer programas que favoreçam a aproximação entre pais e filhos, objetivando o fortalecimento de vínculos;
• Ser um espaço que prepara novos brinquedistas, mantendo o projeto com recursos humanos continuamente;
• Por estar à disposição da criança e adolescente, exerce o papel de reforçador à manutenção da saúde mental, pela atenção primária em situações de risco.

[Crédito: B. P. Gimenes]

Vista parcial da Brinquedoteca Comunitária Pública de Orly, na França, 2008.

A seguir, estão alguns critérios básicos para quem projetar uma dessas brinquedotecas.

)) SUGESTÕES

• *Responsável:* O coordenador deve ser um profissional com curso superior e formação em brinquedista, em uma instituição reconhecida.
• *Forma de utilização:* É conveniente que sejam definidos os horários de utilização e as visitas agendadas.

- *Espaço físico:* Cada pessoa deve ocupar 2 metros quadrados, para a flexibilidade da circulação individual e de qualquer montagem lúdica específica.
- *Mobiliários:* Deve-se utilizar madeira (maciça ou MDF) ou de outro material, mesas com cantos arredondados, cadeiras e estantes com prateleiras consistentes, aparelho de CD, CDs, TV e vídeos.
- *Piso:* É conveniente que este seja de material frio, devendo ser atapetado ou emborrachado onde as pessoas se sentam no chão. O piso Flex Floor® tem sido de grande utilidade e de fácil manutenção.
- *Tamanho dos brinquedos:* Quanto menor for a criança, maiores deverão ser as peças que ela manipular.
- *Cores dos brinquedos:* As tonalidades devem ser variadas e fortes.
- *Cores das paredes:* Se optar-se por cores quentes nas paredes, os matizes devem ser equilibrados com os tons neutros, pois os brinquedos contrastam com suas formas e cores. Também é possível pintar as paredes com motivos infantis.
- *Higiene:* A limpeza do local e dos objetos deve ser feita diariamente, com panos umedecidos ou esponja, água e sabão, dependendo das circunstâncias.
- *Materiais:* Os materiais usados na brinquedoteca devem contemplar brinquedos (plástico, tecido, madeira, borracha), diversos tipos de jogos, mobiliário necessário, espelhos e um caderno ou livro de anotações, indicando quem visitou a brinquedoteca, sobre quando e quais são as atividades desenvolvidas. Os materiais de limpeza devem ficar em local externo à brinquedoteca, ou longe do alcance e da visão do frequentador.
- *Manutenção e consertos de brinquedos:* Brinquedos e peças de jogos quebrados devem ser consertados pelos próprios fabricantes ou hospitais de

brinquedos. Também podem ser guardados em caixas separadas, para que as pessoas os reconstruam com sua imaginação.
• *Livros e revistas:* É conveniente que o conteúdo dessas publicações envolva temas transversais (ética e cidadania, saúde, sexualidade, pluralidade cultural, meio ambiente e educação para o consumo).
• *Portfólio:* Nesse item, deve haver uma fonte de brincadeiras e músicas, cópias das regras de cada jogo, como recursos do brinquedista.
• *Livros de tombamento:* É fundamental existir um registro dos objetos existentes no espaço, bem como o critério de classificação de jogos e brinquedos.
• *Quantidade mínima de brinquedos:* Segundo sugestão de Garon (1992; ver capítulo 5), o número ideal de brinquedos varia de trezentos a quinhentos itens. Ou seja, aproximadamente, dez brinquedos diferentes de cada item que compõe as dez sugestões de famílias existentes, inseridas nas cinco classes de brinquedos: jogo de exercício, simbólico, de acoplagem, de regras simples e de regras complexas. (Vale citar que essa quantidade pode ser ampliada, dependendo do tamanho da brinquedoteca.)
• *Relação de brinquedos:* Aqui, estão os diversos tipos de bonecas e de bichos confeccionados de diferentes tecidos, agradáveis ao toque; bonecos de ação; animais terrestres, aquáticos e voadores; utensílios domésticos, carrinhos de bebê e móveis; ferramentas; barracas de feira, caixas de supermercado e carrinhos de compras; veículos terrestres, aéreos e aquáticos; meios de comunicação; jogos clássicos, como xadrez, dama, dominó, baralhos, quebra-cabeças e jogos de memória; tangram, cubo mágico, brinquedos de construção, lego e outros com peças de montagem e encaixe; outros jogos

de ação e de estratégias, associados às áreas do saber; brinquedos dinâmicos: ioiôs, piões, petecas, caleidoscópio, pega-varetas, vaivém, boliche; instrumentos musicais e uma pequena banda; fantoches de animais, de reis e de bruxas, bem como de personagens lendários; teatrinho, livros de contos de fadas e maravilhosos, fantasias e acessórios lúdicos; material para artes: papel-sulfite, papel-espelho para dobraduras, papel-crepom, papel de seda, papel-camurça, papel-pardo, cartolina, lápis de cor, giz de cera, canetas hidrográficas, tinta guache, pincéis variados, argila, tesouras de corte liso e serrilhado, colas branca, quente e coloridas, *glitter*, argila, pó de gesso, anilinas e diversos tipos de sucata, PET, tampas, retalhos de EVA, de tecido, penas, pedrinhas e conchinhas.

- *Espaços alternativos:* Aqui, estão espaços contíguos abertos, para parques recreativos, minicasas, área de brinquedos com água, plantas e cultivo, por exemplo, de frutas e verduras.
- *Cuidados:* Toda brinquedoteca deve possuir um roteiro de normas simples e claras para desenvolver hábitos saudáveis, como de guardar os brinquedos e jogos com cuidado e no lugar de onde foram retirados; evitar comer em locais não autorizados; manter as mãos limpas etc.

4.1.1 Brinquedotecas em diferentes situações

Brinquedoteca em clubes

Nesses locais, a brinquedoteca funciona como mais um espaço alternativo que oferece atividades de recreação, organizado para que os frequentadores adultos do clube deixem seus filhos e realizem suas atividades regulares sem preocupação. Assim, deixar as crianças em local seguro e agradável com profissionais capacitados é sem dúvida um grande atrativo para os associados.

Brinquedoteca: Manual em educação e saúde

[Créditos: Marcelo Masili e Saulo Ribeiro Martins]

Brinquedoteca Esporte Clube Pinheiros. São Paulo, 2008.

Brinquedoteca em entidades religiosas

Esse espaço oferece às crianças momentos de alegria e aprendizado, enquanto os pais estão concentrados no culto religioso. Como o limiar da atenção e da concentração de uma criança é mais baixo que do adulto, então, quanto menor for ela, menor será sua capacidade para executar as atividades em geral.

Por isso, muitas vezes, para que os pais atinjam seus objetivos religiosos em silêncio e cuidem de seus filhos simultaneamente, é na brinquedoteca que a criança estará brincando, cantando, conhecendo novos amigos e aprendendo o valor do convívio em grupos e em família no espaço da casinha, por exemplo.

É possível ensinar para a criança princípios bíblicos por meio de jogos e brincadeiras na brinquedoteca, pois há muito material artesanal a respeito.

Brinquedoteca em moradias

Em prédios e condomínios, a brinquedoteca é empregada como espaço para o lazer e a recreação das crianças. Hoje esse local é muito valorizado por engenheiros e arquitetos que precisam criar alternativas lúdicas, além dos espaços convencionais de recreação, já que a área livre para a criança brincar na rua tem se tornado cada vez mais reduzida e perigosa. Além disso, a brinquedoteca é um diferencial que valoriza a obra, encanta o futuro condômino e humaniza as condições de moradia.

Brinquedoteca particular para a comunidade

É um espaço aberto como qualquer centro educacional, para o público da região onde está localizado, como mais um local de recreação. Essas brinquedotecas cobram por hora, de acordo com o período em que a criança permanece, além de oferecer oficinas, cursos e eventos de férias.

Brinquedoteca: Manual em educação e saúde

[Crédito: Evandro Rocha]

Vista parcial do espaço para jogos e brinquedos de acoplagem. Brinquedoteca Quiproquó, Oficina de Arte em Lazer, coordenada por Adriana Terruggi. São José do Rio Preto (SP), 2006.

Vista parcial da brinquedoteca de Sintra, Portugal, 2002.

[Crédito: B. P. Gimenes]

Capítulo 4 - Tipos de Brinquedotecas

[Crédito: Prefeitura Municipal de Ubatuba]

*Mantida pela prefeitura de Ubatuba, a Casa do Brinquedo tem a brinquedoteca itinerante A Onda é Brincar, que assenta suas barracas em diversas regiões, (próximo a canais marítimos, à beira de estradas, em escolas), atendendo crianças e seus familiares.
A instituição possui um local fixo e uma brinquedoteca hospitalar. Ubatuba (SP), 2006.*

4.1.2 Brinquedotecas itinerantes

Muito comum na Europa e no Canadá, esse tipo de brinquedoteca apresenta como característica principal que todos os espaços e o acervo de brinquedos se locomovam em conjunto, ou melhor, mudem de endereço, porque a brinquedoteca está estruturada em um veículo, que pode ser ônibus ou caminhão, ou até mesmo uma carroça adaptada, como no Brasil.

[Crédito: Brinquedoteca Viva Criança]

A Brinquedoteca Itinerante Viva Criança, puxada por um cavalo, com o brinquedista Tio Ni, que vai a pé convocando e alegrando as crianças e seus familiares.
Campos Sales (CE), 2009.

[Crédito: Christine Waldie]

Cynthia Morrison, presidente da International Toy Libraries Association (Itla), próximo à Brinquedoteca Itinerante Lesedi Educare, 2008. Crianças da pré-escola brincam na brinquedoteca.
África do Sul, 2008.

A brinquedoteca itinerante é uma alternativa para atingir as comunidades mais distantes e carentes economicamente, ou ainda, para atender aquelas crianças que não podem chegar até uma brinquedoteca. É o caso da brinquedoteca itinerante Viva Criança, que se consiste em uma carroça puxada por um cavalo, e do Projeto Mala da Fantasia, mantido pelo Conselho de Pais de Campos Sales (CE).

Nos últimos eventos internacionais sobre brinquedotecas, foi possível identificar brinquedotecas móveis em países da África, da Ásia e da Europa.

4.2 Brinquedotecas psicopedagógicas

4.2.1 Brinquedotecas escolares

A brinquedoteca é um espaço destinado ao brincar, por isso é independente do nível escolar do frequentador, pois esse será sempre seu maior objetivo. É importante valorizar a ação da criança que brinca; para isso, é necessário que haja profissionais conscientes para interagirem e organizarem o espaço.

As atividades na brinquedoteca podem dar-se de duas formas alternadas diferentes (Gimenes, 1998; Teixeira, 2008): o brincar espontâneo ou o brincar dirigido. No primeiro caso (que nunca deve ser suprido), o professor pode atuar sem determinar as atividades das crianças, mas sim observando, registrando e avaliando toda a dinâmica lúdica delas. Tais dados podem servir como parâmetro para o educador verificar sobre a qualidade da interação social, as regras obedecidas e elaboradas pelas crianças e como elas se envolvem nas atividades em grupo e individuais. Por outro lado, a observação também permite que o professor perceba as necessidades dos alunos e conheça as condições sobre como vivenciam as mais diversas situações; isto é, segundo Leontiev (2001), quando a criança brinca, ela também está representando, imitando a realidade em que vive.

Sobre o brincar dirigido, esse pode consistir em desafios propostos, pois o professor deve fazer uma seleção prévia dos brinquedos, antever quais as ações lúdicas mais adequadas para as crianças envolvidas, prever os procedimentos para atingir as finalidades, respeitando, contudo, seus princípios de individualidade. Essas situações-problema podem acontecer em grupo ou individual, e, consequentemente, essa modalidade lúdica conduzirá à aprendizagem de conhecimentos específicos da área proposta. Assim, será construído o saber ora em Português, ora em Matemática, ora de forma multidisciplinar, por exemplo, mas de maneira prazerosa!

Para Teixeira (2008) e Gimenes (2000), a atividade lúdica dirigida ocupa um lugar proeminente no desenvolvimento cognitivo, afetivo, social, linguístico, na motricidade e na construção de regras e valores do educando, não se esquecendo também das questões éticas vividas no tabuleiro, que se associam ao comportamento social.

A partir de observações e práticas do cotidiano, é possível empregar uma atividade lúdica dirigida quando utilizamos os chamados brinquedos pedagógicos, pois estes contêm um tema básico geralmente, por exemplo, o loto-leitura, para ser empregado nas aulas de Português; os blocos lógicos, nos exercícios de Matemática; os quebra-cabeças de animais, para a disciplina de Ciências, entre outros.

Lembramos que o papel do educador é sempre o de facilitador dos jogos, das brincadeiras e, também, da organização do tempo e do espaço lúdico acessível e adequado para a criança.

Brinquedotecas escolares em creches (0 a 3 anos)

Ao nascer, a criança é um ser dotado de muitas potencialidades para que ocorra o desenvolvimento orgânico, por isso é fundamental que haja um espaço que favoreça o desabrochar integral e pleno de todas as suas faculdades.

▶▶ SUGESTÕES

- *Responsável:* Nesse local, deve haver um responsável com curso superior (em Pedagogia ou Psicologia), com formação em brinquedista, e outro que tenha também o curso de pajem além de brinquedista, e demais profissionais especialistas.
- *Espaço físico:* É indicado que cada criança ocupe, em média, 5 metros quadrados, sendo flexível sua ampliação ou montagem de materiais.
- *Piso:* O piso deve ser de cor clara, por questões de higiene, ou de uma tonalidade que contraste com a parede (emborrachado, madeira ou cerâmica). Também deve variar de acordo com o local, ocupando menos de 1 metro de altura, nas laterais.
- *Cores das paredes:* Aqui, são ideais as cores claras, para manter a higiene e a propagação da luz.
- *Mobiliários:* É ideal usar madeira (maciça ou MDF); prateleiras fixadas na parede, medindo 80 centímetros de altura por 40 centímetros de profundidade; armários fechados para acervo de brinquedos extras e como guarda-volumes dos responsáveis. Além disso, é importante adquirir mesas redondas com 70 centímetros de diâmetro por 50 centímetros de altura, mais cadeirinhas e poltronas pequenas. Também se deve dar preferência aos materiais emborrachados.

[Créditos: Roma Lear e B. P. Gimenes]

Bebês com suas mães na brinquedoteca da creche londrina. Inglaterra, 2008.

[Créditos: Ubatuba/Célia Santos]

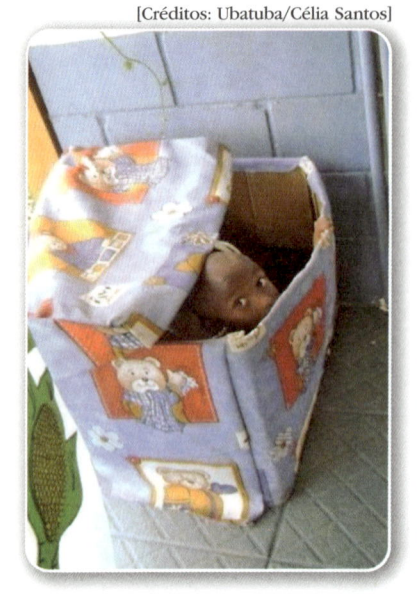

Crianças pequenas e curiosas que aceitam os desafios das caixas grandes e fechadas, entrando ou espiando em seu interior. Dia do Brincar. Núcleos ABBri-Guarulhos e ABBri-Ubatuba, 2009.

• *Tamanho dos brinquedos:* Quanto menor for a criança, maior deverá ser o brinquedo. Se o brinquedo for pequeno, deve possuir o tamanho da mão inteira (aberta) da criança.

• *Cores dos brinquedos:* Geralmente, esses tons variam entre vermelho, amarelo, azul-real, verde-bandeira, laranja, rosa e branco, por exemplo.

• *Forma de utilização* Inicialmente, o local pode ser usado como espaço para estimulação sensorial.

• *Higiene:* Os brinquedos devem ser lavados com água e sabão.

• *Materiais:* Os materiais usados na brinquedoteca devem contemplar brinquedos (plástico, pelúcia, madeira, borracha), itens para as expressões lúdicas, como tintas para rolos de papel na parede, ou então, argila, para desenvolver o esquema corporal, entre outros.

• *Cuidados:* O ato de guardar os brinquedos com cuidado pode ser desenvolvido pelo adulto a partir da participação da criança na arrumação. Além de desenvolver a memória espacial, o hábito constante e exemplificado pelos pais e professores de guardar com zelo o que foi utilizado faz que a criança adquira a mesma atitude, tendo também satisfação tanto no guardar quanto no brincar.

- *Livros:* Podem ser acrescidos os livros de banho e de pano, sonoros, brilhantes e 3-D.
- *Portfólio:* Brincadeiras e músicas bem rítmicas.
- *Relação de brinquedos:* Deve-se dar principal enfoque aos brinquedos ricos em estímulos visuais, sonoros e com movimento. Também podem ser acrescentados vários tipos de móbiles; mordedores coloridos e sonoros; chocalhos; rolos, triângulos de espuma de diversos tamanhos e almofadões; espelhos e tapete das sensações; bolas variadas; túnel pequeno; blocões de encaixe; brinquedos de puxar e empurrar; obstáculos para entrar e sair, de espiar, de abrir e fechar; carrões; animais macios, e outros brinquedos já mencionados. São muito divertidas as caixas grandes de papelão e forradas, para desenvolverem a curiosidade e a iniciativa.

Brinquedotecas escolares na Educação Infantil

De acordo com Teixeira (2007), a brinquedoteca tem sido usada como uma ferramenta importante no processo de ensino e aprendizagem na Educação Infantil. Também tem sido cada vez mais frequente a instalação desse espaço com essa finalidade, tanto nas escolas públicas como nas particulares.

O professor que conhece uma brinquedoteca e sabe de sua importância no desenvolvimento dos alunos inevitavelmente adota essa ideia, usando-a como recurso de grande valia no âmbito pedagógico.

Desde cedo, as crianças interagem com a brinquedoteca para brincar, sozinhas ou com a interação da educadora. Esta pode, por meio de um convite musical, por exemplo, marcar sempre esse momento, pois facilitará tal interação.

Aqui, vale citar o exemplo das crianças da Educação Infantil de São Bernardo do Campo (período integral), em parceria com a Secretaria Municipal, que ficam muito satisfeitas todas as vezes em que vão aos vários ambientes do Complexo Lúdico, durante sua estadia na instituição. O espaço de leitura foi reestruturado a partir de parceria com o Instituto C&A, por meio do projeto Prazer em Ler.

Na brinquedoteca, a criança dá asas à imaginação, por meio dos contos ou artes em geral, e satisfaz suas necessidades de segurança e autoconfiança, promovendo o crescimento da autoestima.

Vale mencionar que as sugestões para essa modalidade escolar são semelhantes às necessidades da brinquedoteca em uma creche, destacando-se o olhar para os

[Crédito: B. P. Gimenes]

Oficina de Leitura Visconde de Sabugosa, do Complexo Lúdico Meimei. IAM, São Bernardo do Campo (SP), 2008.

espaços alternativos, com oficinas internas, como o exemplo de uma sala específica de leitura, mais encantadora; ou externas, por exemplo, um espaço com brinquedos aquáticos, ou com brinquedos de areia, além de um parque infantil para recreação, um jardim, uma horta e uma minicasa.

Brinquedotecas escolares no Ensino Fundamental I e II

Atualmente, as instituições escolares vêm compreendendo o papel das atividades lúdicas e sua contribuição gradativa para a educação. Por isso surgiram as brinquedotecas acopladas à biblioteca e a espaços abertos, especialmente para promover a brincadeira espontânea ou dirigida à criança, visando integrar objetivos para o desenvolvimento orgânico e a aprendizagem do educando.

Na prática, isso foi confirmado ao cooperarmos na estruturação de uma brinquedoteca muito pequena e simples, localizada em uma escola rural, cujos doadores foram os jipeiros Cabeçudos Off

Capítulo 4 - Tipos de Brinquedotecas

[Crédito: Valéria Perini]

Brinquedoteca do EE da Fazenda Santa Maria de Baixo. Ilha Comprida (SP), 2009.

Roads, como presente de Natal às crianças da região de Ilha Comprida. Na ocasião, as crianças deslumbraram-se diante de tantos novos estímulos aos olhos; posteriormente, com novas visitas, o espaço se mantinha como precioso tesouro, tão caro aos alunos e à professora.

Para Wajskop (2007), faz-se necessário articular as atividades lúdicas e as não lúdicas nas instituições, oferecendo material adequado e um espaço estruturado que permita o enriquecimento das competências imaginativas e organizacionais da criança. A autora afirma que a participação do professor na brincadeira eleva o nível de interesse dos alunos, enriquece e contribui para o esclarecimento de dúvidas durante o jogo ou brincadeira; ao mesmo tempo, a criança sente-se prestigiada e desafiada, descobrindo e vivendo experiências de forma prazerosa, que tornam o brinquedo o recurso mais estimulante e mais rico em aprendizado.

Segundo Almeida (2005), o papel do educador é construir com a criança a própria atividade lúdica na escola, despertando nela o gosto pelo fazer, realizar, inventar e valorizar o que constrói.

▶ SUGESTÕES

Nessa modalidade, é indicado focar os jogos de regras, principalmente os estratégicos; enriquecer um canto de música, com vários instrumentos para explorar; incrementar o espaço de artes com sucata para a criatividade e as experiências físicas; disponibilizar computadores próximo aos livros como outra forma de leitura ou jogos e apresentar modelos de corpo humano, peças da cultura brasileira e de outras etnias.

Brinquedotecas escolares no Ensino Médio

Segundo estudo feito por Baptistone (2000), baseado nos pressupostos de Piaget, o jogo pode contribuir para o desenvolvimento mental, necessário para que o aluno compreenda algumas estratégias bélicas como parte do conteúdo da oitava série do Ensino Fundamental e do Ensino Médio.

A autora discute a possibilidade de utilizar o jogo de xadrez como instrumento facilitador do desenvolvimento de estruturas mentais. Também acredita que outros jogos, brinquedos ou brincadeiras exerçam essa mesma importante função, pois essas atividades são desafiadoras e mobilizam o sujeito a encontrar a solução do problema.

Também tendo por base as teorias piagetianas, Silva (1998) preocupou-se em descobrir o método mais eficiente para que o aluno se aproprie do conhecimento. A autora mostrou, utilizando-se do pega-varetas, que o jogo é um instrumento muito eficaz e pode funcionar como método de aprendizagem.

▶▶ SUGESTÕES

Para essa faixa etária, aconselhamos manter enfoques da brinquedoteca anterior, acrescidos no campo musical de alguns fones de ouvido e recursos multimídia, para o adolescente ouvir o que desejar sem perturbar os demais. Há brinquedotecas internacionais, como nas periferias de Lisboa e outras cidades portuguesas, em que esse espaço é específico e possui a acústica isolada dos demais ambientes.

Segundo Teixeira (2007), na teoria piagetiana, os jogos permitem o exercício para o amadurecimento fisiológico básico e a formação de estruturas cognitivas. Mas o papel do professor também é muito importante, pois, muitas vezes, este não se reconhece como capaz de modificar a realidade em que atua.

Utilizar o jogo na escola, especialmente na oitava série e no Ensino Médio, é algo diferente, mas é preciso ousar. Somente com os métodos tradicionais, a escola tira do educando a alegria e o gosto pelo aprender, tornando-se uma obrigação que precisa ser cumprida, além de ser uma das causas de evasão escolar nesse segmento. Concordando com tal ponto de vista, Snyders (1988), professor da Universidade de Paris, escreveu que a alegria deveria ser a tônica predominante na escola, manifestando preocupação com a felicidade dos alunos.

4.2.2 Brinquedotecas universitárias: laboratórios

Uma brinquedoteca no interior de uma universidade também pode ser chamada de laboratório para aplicações pedagógicas ou laboratório do brincar. Esse é um local onde os alunos de Pedagogia e cursos afins vão fazer o trabalho prático, interagindo com as crianças ou realizando atividades da disciplina de Prática de Ensino. Geralmente, uma vez por semana, esse espaço é aberto ao público infantil da comunidade, ou às crianças dos níveis escolares que pertencem à mesma instituição educacional.

Brinquedoteca: Manual em educação e saúde

Para Gimenes (2000), é muito gratificante observar o sorriso da criança diante de brinquedos e jogos que lhe são significativos, provocando-lhe sentimentos como alegria, bem-estar e segurança, aumentando-lhe a autoestima. Tais sentimentos são confirmados pelos graduandos, quando observam na prática o que a teoria lhes diz em sala de aula.

Cada vez mais, as universidades têm se preocupado em conciliar os estágios para os alunos, se possível dentro ou próximo às próprias instituições educacionais, a fim de promover a população da comunidade em que estão localizadas.

Em alguns locais, desenvolvem-se pesquisas em nível multidisciplinar sobre o brincar em sala de aula. Depois são verificados os mesmos indicadores na brinquedoteca entre as crianças e em outros espaços.

[Crédito: B. P. Gimenes]

O brincar no chão da sala de aula universitária.
Montagem da brinquedoteca da Universidade do Grande ABC (UniABC).
Santo André (SP), 2002.

Capítulo 4 - Tipos de Brinquedotecas

Gimenes e Gomes (2006) citam o exemplo de graduandas de Pedagogia, que, fazendo um trabalho de Estatística, entrevistaram outras colegas sobre as brincadeiras infantis do passado. Os dados coletados foram usados também nas disciplinas Laboratório de Jogos e do Brincar. Por sua vez, as entrevistadas investigaram diversos jogos com crianças (seus alunos) dos níveis pré-escolar e fundamental.

Atualmente, há muitas universidades que possuem brinquedotecas ou laboratórios do brincar, como espaços observadores para os seus alunos. Como exemplo, vale citar a Faculdade de Pedagogia da Universidade Federal do Rio Grande do Sul, com o Programa "Quem quer Brincar", coordenado por Tânia Fortuna, conselheira da ABBri; a Universidade Federal do Ceará, na Faculdade de Educação Física, com o Laboratório de Brinquedos e Jogos (Labrinjo),

[Crédito: B. P. Gimenes]

Laboratório Labrinjo, do professor de Educação Física Marcos Teodorico Pinheiro de Almeida, na Universidade Federal do Ceará (UFC). Fortaleza (CE), 2005.

elaborado e coordenado por Marcos Teodorico, também conselheiro; o Laboratório de Brinquedos Pedagógicos (LaBrinP) da Faculdade de Educação da USP, criado por Tizuko M. Kishimoto e outros.

É interessante notarmos que, desde a década de 1990, houve uma eclosão do brincar. Esse é o conceito popular sobre a criança que amadureceu, haja vista a criação do Estatuto da Criança e do Adolescente – ECA (Brasil, Lei n. 8.069, de 13 de julho de 1990), entre outras leis, que estimularam esse incremento.

▸▸ SUGESTÕES

A seguir, estão algumas sugestões de objetivos que podem colaborar na estruturação da brinquedoteca universitária e da ampliação da literatura existente:

- Formar profissionais que possam ver no brincar a possibilidade de educar, e/ou colaborar em atenção primária ou secundária, em problemas de aprendizagem.
- Desenvolver pesquisas que apontem a relevância dos jogos e dos brinquedos para a Educação ou outra área, como a Matemática, a Biologia, a Educação Física, a Terapia Ocupacional, a Enfermagem, entre outras.
- Desenvolver pesquisas indicadoras dos benefícios proporcionados pela brinquedoteca, como no campo da cultura, dos valores éticos, morais ou sociais, entre outros.
- Oferecer informações, organizar cursos, promover encontros de profissionais e divulgar experiências.
- Formar profissionais especializados no assunto.
- Dispor de um acervo de materiais de jogos para colaborar com a função docente.
- Oferecer estágios para os alunos de cursos afins.
- Oferecer atendimento profilático para a comunidade.
- Realizar parcerias com empresas, fundações e outros, cujo enfoque seja a viabilização do brincar ou o desenvolvimento de novos brinquedos com qualidade.

Capítulo 4 - Tipos de Brinquedotecas

[Crédito: Acervo ABBri]

*Entrada, espaço
da fantasia e do descanso,
da Brinquedoteca
Universitária da Universidade
do Paraná (UniPar).
Londrina (PR), 2004.*

Quando há uma brinquedoteca na universidade, toda a estrutura institucional conspira a favor para as aulas envolverem alguma forma de expressão lúdica; seja para as atividades em artes, seja para a questão literária, seja para a contação de histórias, entre outras finalidades.

Como exemplo dessa iniciativa bem-sucedida, vale citar a Universidade Estadual de Londrina, cuja fundadora foi Lucyelena Amaral Picelli, conselheira da ABBri. Os espaços existentes na brinquedoteca ora são usufruídos por crianças da comunidade, ora se transformam em laboratório dos estudantes universitários.

Brinquedoteca: Manual em educação e saúde

[Crédito: B. P. Gimenes]

*Brinquedoteca Universitária do
Instituto de Ensino Superior do Amapá; Jornada Científica de Pedagogia
com Fretamento: Projeto Pirralho. A Valorização de Jogos e Brincadeiras no
Ato de Aprender e Ensinar. Macapá (AP), 2007.*

No Instituto de Ensino Superior do Amapá (Iesap), a brinquedoteca é um espaço destinado a seus alunos desde a Educação Infantil, o Ensino Fundamental I e II e o Médio, até aos graduandos das faculdades. Isso é possível pela parceria com a Secretaria de Educação Municipal e de Transportes.

4.2.3 Brinquedotecas nas organizações não governamentais (ONGs)

Atualmente, é impossível pensarmos em instituições que atendam crianças, mesmo em abrigos, sem uma brinquedoteca em seu interior. Todavia, no fim da década de 1970, o pensamento em assistência social se distanciava muito dessa visão ampla e lúdica da atualidade.

Brinquedoteca Meimei: um sonho que ganhou vida
Fundada em 1979, a Instituição Assistencial Meimei apresentava mais um módulo de atendimento, o Lar-Escola, cuja demanda da clientela era proveniente da creche (fundada em 1977), acolhendo crianças de favelas das imediações. Foi nessa fase que a brinquedoteca nascia no plano das ideias, depois criada e fundada em 1982 (Gimenes, 2003).

Vale citar que a maioria dessas entidades é mantida por grupos de pessoas cujos valores religiosos fortalecem o trabalho voluntário. Entre esses estabelecimentos, destaca-se a Instituição Assistencial Meimei. Como empresa particular do terceiro setor, essa organização não governamental foi fundada em 25 de agosto de 1979, prestando serviços filantrópicos à comunidade bernardense. Sua missão é amparar, conscientizar e reerguer a família, priorizando a criança.

Nesse período, o sistema educacional formal, como a própria história, atravessava transformações, cujos resultados eram insuficientes como benefício geral à criança. Isso faz pressupor que havia carências no desenrolar do processo pedagógico, as quais necessitavam ser determinadas e remediadas.

Com o objetivo de colaborar no processo escolar das crianças institucionalizadas e de elevar a qualidade do atendimento como um todo, criou-se a Brinquedoteca Meimei, como um sistema psicopedagógico preventivo na aprendizagem. Os resultados foram considerados excelentes, além de

Brinquedoteca: Manual em educação e saúde

[Crédito: B. P. Gimenes]

Brinquedoteca Meimei (quinta versão).
IAM, São Bernardo do Campo (SP), 1997.

permitirem que a criança se expressasse de maneira natural e lúdica, isto é, brincando.

Esse espaço teve seus primeiros brinquedos acomodados em baús, como o caso dos jogos, armários para as fantasias, caixas de papelão forradas para as várias bonecas e carrinhos, porque a hora lúdica fazia parte da rotina, como refeições, higienização e repouso (Gimenes, 1998).

Houve várias recusas sobre seu projeto, como as da prefeitura municipal e fundações, indeferindo-o pela não adequação do objetivo, brinquedos para formar uma brinquedoteca. Sobre carteiras novas, alimentos, maquinários e outros, havia apoio financeiro, mas não para a questão lúdica. Nesse momento, ouvia-se por toda a parte que "criança precisa de comida, de agasalhos e livros! Deve-se ensinar a trabalhar para sobreviver e não deixá-la numa sala à toa, desperdiçando o tempo brincando".

Em 1983, já se sabia da novidade da Brinquedoteca Indianópolis, pois pudemos conhecer a ludoteca da Apae, de empréstimos de brinquedos.

Posteriormente, com a participação em um congresso nacional sobre o brincar em SBC/SP, pelo fato de a equipe da instituição ter conhecido a professora Nylse e esses profissionais terem demonstrado boa qualidade de trabalho realizado na brinquedoteca, em 1985 foi concedido um belo espaço para melhor estruturá-la. Se inicialmente ela existia como espaços espalhados entre as atividades das crianças e em salas distintas, com o passar do tempo, a brinquedoteca ganhou um ambiente integrado, emancipando-se!

Como havia a educadora montessoriana Maria Antonieta Falciano, decidiu-se criar a brinquedoteca com cantinhos temáticos livres e um amplo central para a brincadeira espontânea, proveniente dos estímulos ambientais. Contudo, semanalmente, o local era espaço-laboratório de atividades escolhidas pela criança da prateleira exposta, segundo o método montessoriano de desenvolvimento das percepções, respeitando-se o ritmo pessoal.

[Crédito: B. P. Gimenes]

Em 1985, a Brinquedoteca Meimei
ganhou sala própria. Em 1989, foi ampliada para complexo
lúdico com outros espaços.

Enquanto algumas crianças da Educação Infantil têm certas atividades, os escolares ficam na oficina dos jogos de tabuleiros, outros na oficina de leitura, ou na sala multimídia assistindo ao filme programado, ou alguns estão na oficina de artes em sucata.

[Crédito: B. P. Gimenes]

Projeto Mundo do Circo, realizado de 1992 a 1997
na Brinquedoteca Meimei, exposto na Omep/MS. IAM,
São Bernardo do Campo (SP), 2002.

Quadra poliesportiva com capoeira e espaço ecoaventuras, com sede de escotismo. Complexo Lúdico Meimei. IAM, São Bernardo do Campo, 2007.

Ao ar livre, eles podem brincar no parque recreativo ou no ecoespaço de aventuras e, finalmente, nos amplos espaços das quadras poliesportivas.

No início do ano, a criança e o jovem poderão optar sobre as oficinas que quiserem frequentar, como de idiomas, de comunicação digital, de cidadania, de eletromecânica, entre outras, ou a atividade esportiva, por exemplo, futebol, ioga, capoeira, balé etc., complementando o seu período na entidade.

Nas festividades mais importantes, há um amplo anfiteatro para contracenar, expondo a experiência obtida por meio das dramatizações na brinquedoteca. Já nas atividades públicas, como almoços, chás, festas juninas, feirões de brinquedos, festas cívicas e Natal, são destinadas as quadras cobertas.

Vale citar que a brinquedoteca passou por várias reformas, apresentando novas versões, e muitos projetos e pesquisas foram desenvolvidos nesse complexo lúdico.

Uma das mudanças mais recentes ocorreu em 2005, quando se tornou um complexo lúdico sistêmico por contar com uma rede de espaços, com miniambientes de atuação para a criança, como a sala de balé e reforma do anfiteatro, em convênio com a Fundação Vitae.

No triênio 2006-2008, em convênio com a C&A, no projeto Prazer em Ler, foram criadas a sala multimídia e a oficina de leitura, além de vários núcleos de leitura pela IAM, envolvendo funcionários e familiares de crianças e adolescentes. Nesses espaços lúdicos, foram realizados diversos projetos com as crianças sobre a importância da leitura para a conscientização e a responsabilidade de conservação do meio ambiente, sugerindo propaganda por meio das artes plásticas, como capacitação continuada e para crianças, cujos resultados foram expostos em congresso (Gimenes, 2008).

A criança que é atendida desde bebê tem a oportunidade de participar de um processo que tem início com atividades psicomotoras. Por sua vez, os mais velhos são encontrados brincando em outros lugares da casa ou fazendo outra atividade de faz de conta, como empurrar ou puxar carrinho, telefonar, varrer, entre outros exemplos.

Todas as atividades estão inseridas em projetos educacionais anuais, cujo conteúdo-base é a valorização da vida na construção do homem de bem. Estas contam com o apoio de recursos pedagógicos e do acervo registrado de 3 mil brinquedos e de 3,4 mil livros aproximadamente, com a coordenação do setor psicopedagógico.

A criação desse imenso laboratório de aprendizagem sistêmico coincide com as atividades realizadas mensalmente na Escola de Pais, com os responsáveis pelas crianças, em parceria com um programa da prefeitura.

Nas fotografias seguintes, é possível observar portas e corredores do Complexo Lúdico Meimei (sexta versão) e a entrada da brinquedoteca (cantos da cozinha e do dormitório; estante com jogos de acoplagem, espaço da comunicação, das fantasias etc.) e também jogos na oficina própria, além da Oficina de Artes e da Oficina de Leitura.

Nesse complexo, existe o programa interno de Bônus na Meimei para a criança escolar atendida na entidade, com o qual pode *comprar* o brinquedo ou acessório que desejar, para si mesma ou para os familiares, em uma feira montada para ela. Tal ação incentiva a cidadania e a solidariedade, exercitando a

Capítulo 4 - Tipos de Brinquedotecas

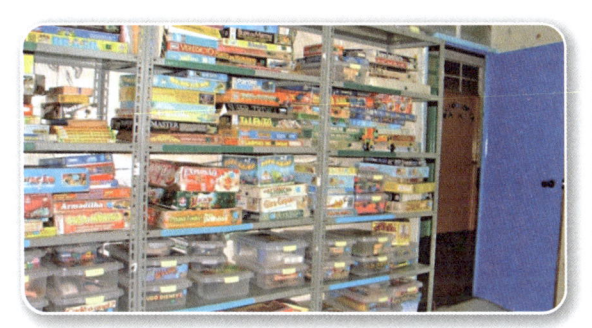

[Crédito: B. P. Gimenes]

*Complexo Lúdico Meimei
(sexta versão). IAM, São Bernardo
do Campo (SP), 2007.*

aprendizagem em diversas áreas do saber. Há, bimestralmente, o Dia do Livro, em que as crianças escolhem um volume entre vários, levando-o para casa para lê-lo com os familiares. Esse programa é estendido com entrevistas feitas pelos escolares aos funcionários da instituição, que também leram algum livro emprestado da biblioteca, indagando-os a respeito da leitura recente, da sua opinião e do que desejarão ler a seguir. Também há atividades em parceria com a biblioteca pública do bairro e a comemoração do Dia da Criança, do aniversário dos alunos, o Dia do Brincar e várias atividades culinárias, sempre com o apoio de voluntários e funcionários dedicados.

O Complexo Lúdico desenvolve ações em parceria com a comunidade, como vendas de brinquedos, jogos e fantasias, como a participação em eventos lúdicos, em desfiles, em cinemas, em grandes supermercados e outros.

Nessa organização, existem desde 1990 duas atividades inovadoras entre as crianças, que são: a Prefeitura Mirim, com secretariado da instituição, eleito anualmente por elas, e uma sede de escotismo, a primeira no Brasil dentro de uma ONG, para as crianças que quiserem se filiar.

Ao ingressar na entidade, em qualquer tipo de atendimento, as famílias passam pelo Departamento de Serviço Social para cadastro e sindicância; posteriormente, submetem-se às visitas

[Crédito: B. P. Gimenes]

Hasteamento de bandeiras em ato cívico semanal. Quadra do Complexo Lúdico Meimei. IAM, São Bernardo do Campo (SP), 2007.

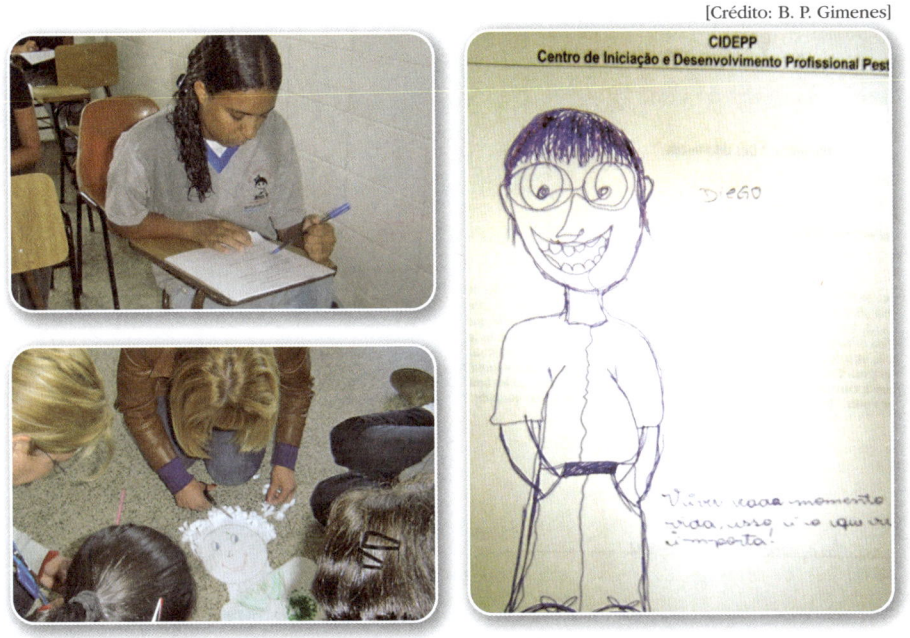

*Indicadores avaliativos da criança,
do educador e dos pais. Complexo Lúdico Meimei.
IAM, São Bernardo do Campo (SP), 2008.*

domiciliares realizadas pela equipe de assistência social, educacional e médica. Esse processo é registrado com a devida documentação.

No último bimestre, cada criança, adulto ou família atendida durante o ano pela entidade deverá pleitear a rematrícula para o ano seguinte, por meio da autoavaliação e avaliação realizada pela equipe da instituição. Esse processo auxilia na verificação do retorno-benefício, por meio de indicadores computados sobre a qualidade de atendimento realizado pela entidade e aumenta a responsabilidade daquele que recebe seus serviços.

É interessante ressaltar que as ações realizadas para a sobrevivência da brinquedoteca nesse complexo lúdico advêm da manutenção contínua, pela coordenação com a brinquedista e a equipe voluntária da terceira idade. (Sobre esse tópico, sugerimos a leitura do próximo capítulo.)

Outro evento importante é o Dia do Brincar, no qual todos os adultos que passam pelo complexo lúdico brincam, desenham, fantasiam-se. Na ocasião, muitos se divertem e recordam sua infância alegremente.

Em 2008, o Projeto Complexo Lúdico Meimei foi contemplado com o Prêmio Ludicidade: Pontinhos de Cultura, do Governo Federal, concorrendo entre centenas de entidades brasileiras, ficando em quarto lugar na Região Sudeste. Isso é resultado da boa qualidade do trabalho realizado pela diretoria, pelo conselho administrativo e pela equipe de voluntariado, que já havia sido agraciada com o título Bem-Eficiente: Kanits e Associados, de 1998.

Com base nesse histórico, observamos que a diretoria da casa, que confiou na coordenação desde a criação da brinquedoteca em dezembro de 2009, comemorou os 27 anos do espaço lúdico dedicado a crianças, jovens e adultos. Esse lugar ultrapassou a maioridade e já deu muitos frutos: por ter sonhado e acreditado, materializou o brincar ora documentado.

4.3 Brinquedotecas hospitalares

Brincar é uma realidade cotidiana na vida das crianças. Para que elas brinquem espontaneamente, é necessário que não sejam impedidas de exercitarem a imaginação. Essa função tão importante lhes permite relacionar os interesses e suas necessidades com a realidade de um mundo que pouco conhecem. Também é uma maneira de interagir com o universo dos adultos.

Aqui vale questionar: como fazer que o brincar seja possível para as crianças em situações de debilidade orgânica, ou com alguma limitação física e/ou mental, em situação de internação hospitalar, por exemplo?

A Lei Federal nº 11.104 torna obrigatória a instalação de brinquedotecas em hospitais que ofereçam internação pediátrica. Criada por Luiza Erundina e sancionada pelo ex-presidente Luiz Inácio Lula da Silva em 21 de março de 2005, a lei estabeleceu o prazo de seis meses para que os hospitais se adaptassem à nova determinação.

Capítulo 4 - Tipos de Brinquedotecas

Segundo Cunha (2001, p. 96), "a brinquedoteca hospitalar tem a finalidade de tornar a estadia da criança no hospital menos traumatizante e mais alegre, possibilitando assim melhores condições para a sua recuperação". Além disso, Viegas e ABBri (2007) declaram que a brinquedoteca, dentro de uma instituição de saúde, é um dos instrumentos mais importantes de humanização hospitalar.

4.3.1 A criança hospitalizada e suas necessidades

Ficar internada em um hospital é estar em um ambiente que a criança talvez conheça apenas por histórias ou pela televisão. Então é comum que ela apresente insegurança e medo.

Separada da família, dos amigos, da escola, das brincadeiras, passando pelo sofrimento causado pela própria doença,

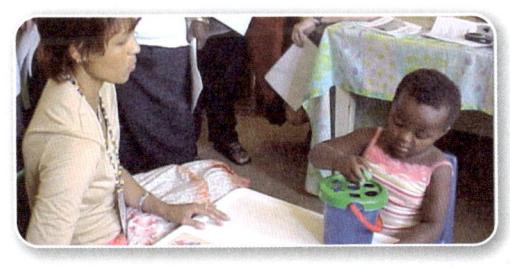

[Crédito: B. P. Gimenes]

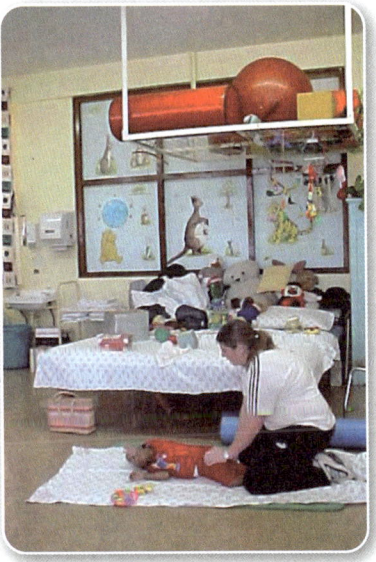

Brinquedoteca nos setores psicológico e fisioterápico, em hospital infantil de Johannesburgo. Itla, 2005.

por exames ou por tratamentos dolorosos, a criança pode ter fantasias angustiantes. Ela pode imaginar a hospitalização como um castigo ou sentir-se rejeitada, imaginando-se abandonada pelos pais; então, surgem sinais de carência afetiva, como choro, tristeza, agressividade, ou apatia, como uma aparente aceitação. Em todo momento, pode sentir uma estranha sensação de perigo; se possui certa maturidade mental, é possível imaginar a morte, sendo assaltada pelo pânico.

Para Jabardo e Teixeira (2008), a criança hospitalizada precisa de atenção e cuidados médicos, mas também necessita continuar sendo criança. Afinal, foi-lhe tirado o direito de brincar com os amigos, modificaram sua rotina, separaram-na dos próprios brinquedos, sendo natural que se angustie diante do enfrentamento da realidade hospitalar.

As reações da criança, nos casos mais graves e nas hospitalizações demoradas ou repetidas, podem causar graves sequelas psicossociais. No entanto, a brinquedoteca favorece a amizade com outras crianças, porque elas brincam juntas, trocam impressões e enfrentam melhor a doença, além da segurança que os brinquedos e o brincar proporcionam, fazendo que se sintam *em casa*.

Segundo Cunha e Viegas (2004), com base em pesquisas científicas, é possível levantar algumas necessidades da criança em situação de hospital:

    a) Estudos mostram que, nos primeiros dois anos de vida, a criança hospitalizada tem a sensação de estar sendo abandonada pelos pais. Entre os quatro e cinco anos, ela julga a nova situação como castigo por faltas que tenha cometido. Por fim, dos dez aos doze anos, sente uma profunda ansiedade e medo da morte.

    b) A adaptação da criança hospitalizada nem sempre é fácil, por isso são comuns as seguintes atitudes: choro, revolta e agressividade ou silêncio, aceitação, recusa na alimentação e apatia (esse é o estado mais perigoso, pois pode significar depressão).

4.3.2 Sobre a brinquedoteca hospitalar

A brinquedoteca é um dos recursos para suprir as necessidades da criança, conforme os objetivos relacionados por Cunha (2007, p. 72):

• Preservar a saúde emocional do paciente, proporcionando-lhe alegria e distração por meio de oportunidades para brincar, jogar e fazer amigos.

• Preparar a criança para situações novas que irá enfrentar, levando-a a acostumar-se com as vestimentas e os instrumentos cirúrgicos de brinquedo, em situações como se para inserir-se no cotidiano hospitalar.

• Facilitar e permitir que prossiga no desenvolvimento orgânico, porque a duração da internação poderá impedi-la do acesso aos desafios e experiências importantes, até mesmo da sistematização dos estudos escolares, precisando de apoio pedagógico.

• Facilitar a presença da família e dos amigos, como também que a encontrem, e um ambiente propício emocionalmente. Aqui, um objeto lúdico poderá facilitar esse intercâmbio, tornando-o mais alegre.

• Preparar a criança para o reingresso no lar, depois da longa separação.

[Crédito: B. P. Gimenes]

Livreiro móvel, no Hospital Infantil Darcy Vargas, e brinquedeiro, da FaBrinquedo, para levar brinquedos ao paciente acamado. São Paulo, 2005.

Como deve ser esse espaço, para que esses objetivos sejam atingidos? A brinquedoteca hospitalar deve possuir as características semelhantes às demais, mas com algumas particularidades (Cunha, 2007, p.73):

- Deve ser um espaço atraente, que conduza a criança ao desejo de ali retornar, colaborando em seu processo mental e suas fantasias.
- Que a higiene seja redobrada, evitando o perigo de contaminação cruzada, por meio de brinquedos ou de mobília e adereços.
- Que a decoração seja atraente, mas que não coloque em perigo a saúde do frequentador, que está precária.
- Que os brinquedos sejam feitos de materiais propícios à higienização de água, sabão e secagem, para a possível rotatividade entre os pacientes.
- Que tenha atrativos para diferentes faixas etárias, mas que parte dela possa ir até ao acamado (se possível, presentear o paciente, em casos de brinquedos não higienizáveis). Para a criança interagir com os brinquedos, recomendam-se uma bandeja em forma de mesa com as peças e um pequeno móvel que se dirija até a cama.

Vale ressaltar que a brinquedoteca deve apresentar uma equipe administrativa e operacional, semelhante às outras modalidades de brinquedotecas, para o seu bom funcionamento, como nos sugere Cunha e Viegas (2007):

a) Coordenação geral das atividades.

b) Atendimento aos usuários da brinquedoteca: o brinquedista apresenta os brinquedos à criança "mostrando-lhe como funcionam e como pode se divertir com eles, mas também vai ser uma nova companhia" (p.103); sua presença deve transmitir bem-estar e contentamento. Ele pertence ao espaço lúdico, cuja função principal é mantê-lo como um local facilitador do brincar; quanto ao paciente, deve estar disponível para que a interação entre brinquedo-criança aconteça, bem como levar o objeto lúdico aos acamados. Aqui, o voluntário coopera em tais atividades.

c) Nenhuma pessoa, ou brinquedista ou voluntário, deve superproteger a criança, nem propor a ela brincadeiras inadequadas.

d) Todo brinquedo deve ser apresentado com calma e delicadeza, devendo-se sugerir algumas possibilidades de interação com eles.

e) Escolher a brincadeira mais adequada com base no desempenho da criança, nas limitações do seu quadro clínico e em sua disposição no momento. Quando o paciente se sentir fraco para participar de um jogo, atividades como teatrinho, música ou a leitura de uma história possam ser mais apropriadas.

[Crédito: B. P. Gimenes]

Brinquedoteca de Apoio Pedagógico. Hospital Infantil Darcy Vargas, São Paulo, 2005.

f) O voluntário ou brinquedista deve se preocupar com a própria higiene, abstendo-se de interagir com a criança se estiver com alguma doença transmissível, até mesmo a gripe.

O Hospital Infantil Darcy Vargas tem o seu complexo lúdico distribuído entre os andares da instituição: há uma brinquedoteca muito ampla no setor de Oncologia e duas menores em outros andares, além de salas de leitura para atividades pedagógicas às crianças internadas em fase escolar, que precisam de acompanhamento de profissionais da prefeitura (funcionários com roupas verdes).

Em relação à diretoria, à equipe profissional e de voluntariado (equipes de aventais amarelinhos e rosinhas), esta é representada pelo doutor Sergio Sarrubo, que tem feito muito para a qualidade de vida dos pacientes e familiares.

Os brinquedos devem ser apresentados em um ambiente de interesse, disposição e bem-estar promovido pela pessoa responsável no momento, pois dar atenção é muito mais que um dever, é um ato de amor. Eles devem ser selecionados para que proporcionem sentimentos de competência e autoestima, ou seja,

[Crédito: B. P. Gimenes]

Brinquedoteca do Setor de Oncologia. Hospital Infantil Darcy Vargas, São Paulo, 2005.

um resultado gratificante. É importante que esses objetos não requeiram movimentação dos pacientes, que não sejam excitantes, não façam muito barulho, não sejam muito pesados nem muito grandes.

Crianças menores de dois anos não devem compartilhar os mesmos brinquedos dos mais velhos. Eles devem ser adequados à higienização, arredondados, leves e sem peças pequenas fáceis de serem engolidas.

Convém lembrarmos que brincar envolve todas as formas de expressões humanas, como desenhar, pintar, cantar, tocar algum instrumento e dançar.

4.3.3 Cuidados e higienização: materiais da brinquedoteca hospitalar

Para Cunha e Viegas (2007), após seu uso, os brinquedos devem ser colocados em um recipiente apropriado, com a inscrição "Brinquedos para lavar", cuja higienização deve ser feita por pessoas que conheçam os procedimentos certos. Os brinquedos maiores, que não foram levados à boca, se não estiverem em local onde haja pacientes com doenças contagiosas, poderão ser lavados com menos frequência, mas tudo o que estiver no hospital deve ser desinfetado semanalmente. Vale citar que um dos riscos para a saúde é o perigo de contaminação por

[Crédito: B. P. Gimenes]

Brinquedo terapêutico e voluntária com boneco de expressões faciais. Hospital Infantil Darcy Vargas, São Paulo, 2005.

meio dos brinquedos, agravando o estado orgânico do paciente, já precário. Portanto, a esterilização deve ser feita com álcool 70°.

Uma sugestão de brinquedos que não devem faltar em uma brinquedoteca hospitalar, além dos já mencionados, exceto aqueles que não são higienizáveis, é: estetoscópio e seringa de brinquedos, um avental branco, diversos tipos de bonecas, para agir como pacientes, drenos, gazes e fitas, para simular curativos; frutas plásticas e fantoches de alimentos, para orientação alimentar.

Existem muitos tipos de atividades em hospital, além do aspecto médico-cirúrgico e os cuidados da enfermagem, que podem ser classificadas em lúdicas, pedagógicas, psicomotoras, afetivo-emocionais, culturais e terapêuticas (op. cit.).

Diversas pesquisas comprovam o aumento de aderência ao tratamento pelos pacientes, por exemplo, por meio das ações lúdicas, enfocando o brincar pelo brincar, realizado na brinquedoteca espontaneamente; na cama, com sugestões e orientações expostas segundo o tipo de material lúdico utilizado; com os Doutores da Alegria, por exemplo, equipe de atores palhaços, vestidos de médicos, que procuram elevar o humor dos pacientes por meio de brincadeiras que introduzem os instrumentos de saúde.

As atividades pedagógicas são aquelas que, utilizando o brinquedo ou não, têm como meta a aprendizagem educacional da

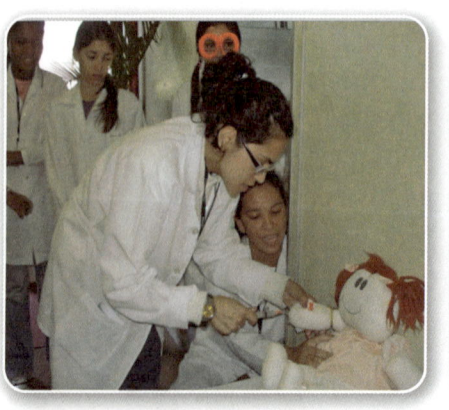

[Crédito: Circéa A. Ribeiro]

Preparo lúdico para coleta de sangue da criança com BT Instrucional (brinquedo terapêutico). São Paulo, 2008.

criança a fim de recolocá-la na escola após a alta hospitalar, sem o prejuízo da defasagem do nível de conhecimento. Atualmente, há diversos grupos de professoras ou psicopedagogas voluntárias que realizam esse trabalho.

Quanto às atividades psicomotoras (também terapêuticas), são entendidas como as facilitadoras do aprender por meio do corpo e do movimento, associando a musculatura física e o sistema nervoso. Para isso, temos psicomotricistas, fisioterapeutas e terapeutas ocupacionais.

Já as atividades que objetivam o aspecto afetivo-emocional (também terapêuticas) têm o intuito de aliviar as tensões, de ressignificar conceitos, como dor, doença e cirurgia, usando o brincar e os brinquedos de preferência, e são realizadas pelos psicólogos.

Por último, estão as atividades culturais, realizadas pela equipe multidisciplinar hospitalar e por assistentes-sociais. Estes promovem filmagens, peças teatrais infantis, passeios internos, gincanas, eventos em dias especiais (Páscoa, Dia das Mães, festas juninas e outros), sem esquecer o dia do aniversário.

Finalmente, deve-se ressaltar as crianças que estão restritas ao leito ou passam pelo processo constante de coleta de amostras para os vários tipos de exames laboratoriais ou de rotina diagnóstica. Estas devem receber brinquedos nos locais em que se

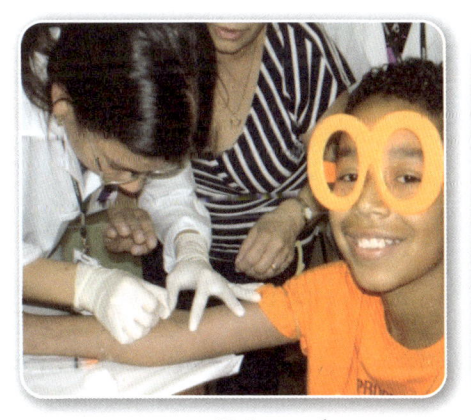

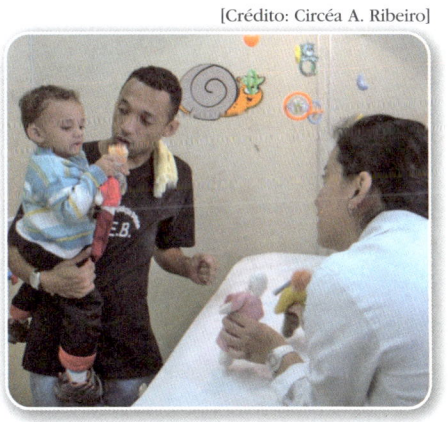

[Crédito: Circéa A. Ribeiro]

Brinquedos para amenizar dor ou estresse.
São Paulo, 2008.

encontram e, dependendo de cada caso, destacam-se o brincar e os brinquedos com função terapêutica, para os quais a enfermagem tem se dedicado e realizado um excelente trabalho.

4.4 Brinquedoteca *versus* frequentador

Em relação às modalidades de atividades com profissionais de várias áreas científicas e das artes às quais a criança hospitalizada pode ser submetida, isso nos leva a pensar sobre os outros objetivos que uma brinquedoteca hospitalar pode assumir além daquele da liberdade do brincar.

4.4.1 Brinquedotecas terapêuticas

Brinquedotecas terapêuticas são aquelas nas quais se aproveitam as oportunidades oferecidas pelas atividades lúdicas para ajudar as crianças a superar dificuldades orgânicas específicas. Em ludoterapia (técnica que consiste na utilização de uma caixa lúdica com diversos tipos de brinquedos e materiais escolares, usada por psicólogos), por exemplo, a brincadeira expressa sobre como uma criança reflete, ordena, desorganiza, destrói e reconstrói o mundo à sua maneira. Podemos encontrar fisioterapeutas,

[Crédito: N. Minejima]

Brinquedoteca Terapêutica Machida, existente no Japão há 26 anos. Itla, Paris, 2008.

Brinquedoteca Terapêutica Machida, com crianças saudáveis. Itla, Paris, 2008.

[Crédito: N. Minejima]

terapeutas-ocupacionais e outros, atuando terapeuticamente, com olhares distintos diante do mesmo brincar.

A brinquedoteca terapêutica é, também, um palco facilitador para que a criança com alguma dificuldade, ou múltiplos comprometimentos, consiga expressar, de modo simbólico, suas fantasias, desejos, medos e sentimentos, além de se auto-observar como internaliza os conhecimentos, construindo-os a partir dessas vivências.

Enquanto brinca na brinquedoteca, a criança organiza suas relações emocionais, isto é, autopromove-se em condições para desenvolver diferentes relações sociais, conhecendo-se melhor e aprendendo a respeitar as ações alheias.

4.4.2 Brinquedotecas geriátricas

De acordo com o Estatuto do Idoso, as entidades de atendimento a esse tipo de público devem promover atividades educacionais, esportivas, culturais e de lazer.

A brinquedoteca é um espaço que possibilita ao idoso entrar em contato com uma grande variedade de atividades artísticas, recreativas e diversos jogos que favorecem a preservação de certas habilidades cognitivas e sociais para a sua faixa etária.

No Japão, há a Brinquedoteca Miwa, automóvel que leva jogos e brinquedos a clínicas de idosos, para que, interagindo

[Crédito: N. Minejima]

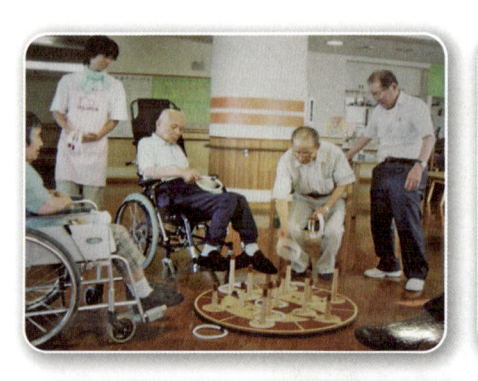

Brinquedistas da Miwa Móbile Toy Library com idosos japoneses. Itla, Paris, 2008.

com esses objetos, eles tenham seus centros neuromotores ativados, mantendo suas habilidades ou recuperando-as.

4.4.3 Brinquedotecas educacionais para reeducandos

Se pensarmos em uma sociedade com melhor qualidade de vida, devemos pensar na criança, que depende de nossa ação para que tenha um bom desenvolvimento orgânico e moral.

Contudo devemos realizar alguma ação benéfica, pelo menos para aquela que não teve essa oportunidade, que cresceu e cometeu infração grave segundo as leis sociais, na idade adulta.

Vale ressaltar que limitar a liberdade do infrator é necessário caso este seja um perigo potencial à sociedade. Mas somente isso é suficiente?! Não.

É preciso que o indivíduo que infringe leis, e pode violá-las novamente, seja colocado em um local de restrição se houver periculosidade, que haja um método de reeducação, para que possa ressignificar seus valores éticos e sociais, e que esse facilite na construção ou ampliação de seus conhecimentos. No entanto, isso também não é suficiente.

São necessárias políticas públicas que possam proporcionar ambientes saudáveis, para que o mundo interno dessas pessoas seja beneficiado com momentos alegres, pueris, diferentes daquele onde cresceram, ou seja, que haja alternativas de lazer, momentos lúdicos aliados aos métodos regenerativos.

Esse alerta é apontado por Gimenes, baseado em sua experiência de oito anos com aulas de valorização da vida e atividades lúdicas em cadeias públicas. Vale citar que, nos últimos três anos, os jogos de regras foram agregados ao programa, proporcionando mudanças comportamentais para melhor, observadas e constatadas.

Segundo Ryad (1989), a atenção secundária em saúde mental é estratégia operacional utilizada (método) com o paciente em processo terapêutico de "cura", para que a causa da "doença" não volte a reincidir, e terciária, para que não haja sequelas após o tratamento. Assim, eles serão atendidos em ambos os níveis com a construção de brinquedotecas nos presídios, pois estaremos colaborando na reintegração social desses indivíduos para quando eles estiverem em liberdade e nós, exercitando o real sentido de cidadania e humanização.

CAPÍTULO 5
BRINQUEDOTECA: MONTAGEM PASSO A PASSO

5.1 Por onde começar?

Qualquer ação do homem moderno, que pretenda ser bem-sucedido em seu empreendimento, deve ser precedida por um planejamento. Melhor dizendo, se desejamos criar uma brinquedoteca, o primeiro passo é fazer uma pesquisa de mercado sobre em que local será viável. Depois de encontrar a região apropriada, a melhor atitude é buscar um imóvel que condiz com tal propósito e, em seguida, montar um projeto, antes de concretizar a sua estrutura.

Em Friedmann et al. (1992) e Cunha (2001), encontramos orientações e sugestões para organizarmos uma brinquedoteca; porém, pela experiência pessoal, sentimos a necessidade de acrescentarmos mais detalhes das situações que podem surgir, além de modelos de atividades e espaços encontrados ao longo dos anos, como sugestão.

5.1.1 Região

É necessário investigar se o local escolhido para montar uma brinquedoteca é uma região onde há várias residências, não estabelecimentos comerciais, porque o cidadão procura o conforto onde estiver mais próximo, pela economia de tempo e de combustível. Se existem poucas escolas infantis, porque essas, geralmente, tendem a cumprir esse papel, além de oferecer a educação formal básica, promovendo uma forte concorrência; se é um local de fácil acesso para os frequentadores estacionarem seus veículos ou lá chegarem; se há segurança policial, para entrada e saída da clientela; se é um local de movimento de veículos e transeuntes, pois facilitará na propaganda visual pelo próprio imóvel; enfim, depois de encontrar a região adequada, traçar um perfil da possível clientela que vai frequentar o local, para a qual deverá ser montado o espaço lúdico.

Fazemos esse levantamento prévio porque desejamos que a brinquedoteca tenha sucesso crescente e permanente, mesmo antes de montá-la. Isso requer esforço, dedicação e paciência, muito mais que a implantação, que parece ser a mais difícil, à primeira vista.

Ao longo desses anos, pela experiência, temos visto muitas brinquedotecas serem criadas e montadas linda e rapidamente. Contudo, na mesma velocidade, elas fecham suas portas, por falta de frequência, e, em consequência, por graves problemas financeiros.

Consideramos interessante que a instituição seja projetada em uma estrutura, que não seja, por si só, a única fonte de recurso econômico para sua manutenção. Daí, sugerimos que esteja dentro de uma escola, ou antecipadamente, com parcerias de muitas escolas de Educação Infantil, as quais não tenham condição de ampliação de seu imóvel e que gostariam de oferecer esse serviço aos alunos; ou então, em parceria com algum complexo comercial, como *shoppings*, e clubes, entre outros locais.

5.1.2 Recursos humanos

Antecipamos esse item, antes de falarmos da estrutura. Isso porque deve estar muito claro para o futuro empreendedor que uma brinquedoteca necessita do trabalho de equipe. É preciso sonhar juntos!

Devemos lembrar que não basta ter o curso de Brinquedista ou de Pedagogia, e mais o recurso financeiro, para haver a garantia do sucesso. Urge que pelo menos um componente da equipe tenha a formação de brinquedista; porém, convém planejar a função de todos os integrantes, antes de criar a brinquedoteca:

- Quem coordenará? Há sócios legalmente? Quem ficará na parte pedagógica e quem ficará na financeira? Haverá *marketing*? Envolverá *sites* eletrônicos para divulgação dos serviços?
- Quem ficará diretamente com as crianças? Qual será seu horário de atendimento? Quantas pessoas são necessárias para isso e quais serão as condições de trabalho; contratados ou voluntariado? Aqui, vale lembrar as leis trabalhistas e as leis de segurança.
- A equipe deve ser formada antes de estruturar o local ou depois?

5.1.3 Projeto

É necessário elaborar um projeto formal que aborde todos os aspectos, para se avaliar o custo *versus* o tempo de desenvolvimento da implantação da brinquedoteca, porque o investimento financeiro varia proporcionalmente de acordo com o período de tempo. Isso deve ser feito para antecipamos a duração do retorno de algum capital e podermos nos assegurar por meio de outros recursos financeiros.

Assim, deve-se incluir uma planilha no projeto sobre:
- Haverá reforma do local encontrado? Em caso positivo, qual o tempo de duração e a previsão de custo?
- Expor a quantidade e o custo do material lúdico e impreterível a ser comprado antes da inauguração e, depois, o restante, em quais períodos.
- Quais são os recursos pedagógicos básicos e seu custo?
- Qual é o custo empregado com o mobiliário e a decoração interna e externa?
- Quando será feito o investimento na capacitação humana? Qual seu custo?
- Quando será feito o investimento em mão de obra da montagem da mobília e demais materiais de uso?

5.1.4 Local

Após a escolha do local, antes de ser fechado o contrato, deve haver alguns cuidados semelhantes àqueles adotados na montagem de uma escola. Devemos observar se a alvenaria não possui rachaduras sérias e goteiras; se há uma planta sobre os encanamentos e fiação de luz elétrica; se não está construída sobre ribanceiras, ou em local de enchentes, no período das chuvas; se a estrutura recebe raios de sol, principalmente pela manhã, em seus compartimentos, em que a luz é amena, não sufocante como o sol da tarde. Além disso, vale observar se a estrutura do local é protegida contra fungos e ácaros. Além da claridade, é importante que haja ventilação em todos os ambientes, mas não corrente de ar encanado, pois isso deixaria as crianças propensas a constantes resfriados.

Não devemos esquecer a verificação dos locais de higiene, por exemplo, se há banheiros, que deverão seguir as normas comerciais, com instalações separadas por sexo, diferenciando os infantis e os destinados aos cadeirantes. Além disso, deve-se verificar a existência de um local para armazenamento e higienização do acervo lúdico e outro menor, para uma leve refeição e colocação de um bebedouro.

Se houver a necessidade de um espaço aberto para recreação e brincadeiras, contíguo ao interno, deve-se anotar a existência de uma área externa e quais recursos acomodaria por metro quadrado, bem como a quantidade de crianças reunidas em determinado tempo.

Assim, diante dos sonhos e com a disponibilidade de recursos financeiros, monta-se uma brinquedoteca. Mesmo que suas instalações sejam simples, o local deve ser surpreendente à primeira vista, sem preterir o aconchego do ambiente. E a criança aceitará tudo com muita alegria, com toda a certeza.

Abordando sobre a estruturação e decoração de ambiente para a infância, convém registrar o alerta feito por Mellis (2007). A autora questiona se o espaço para a criança permite o acolhimento, se possibilita encontros e descobertas, se facilita o aprender, se promove o sentir, se auxilia o crescimento e se contribui para a formação da personalidade infantil, além de possibilitar que se documentem e se divulguem as ações que ocorrerem nesse local, como controle (sugerimos que seja para registro de idoneidade pública ou para pesquisas científicas também).

Assim, diante dos questionamentos feitos pela pesquisadora, ela ainda descreve alternativas de mobílias para um mesmo espaço. Nós também recorremos a algumas ilustrações, com nossas ideias, que delineiam a decoração de uma simples sala de espera ou pequena brinquedoteca.

[Créditos: Arquiteto: Douglas Piccolo/*Designer*-gráfica: Cinara C. Piccolo]

Sala com uma porta, uma janela, um sofá e um tapete para receber crianças. São Bernardo do Campo (SP), 2009.

Se o ambiente estiver sem decoração ou visualmente sem atrativos, a criança terá dificuldade de permanecer nesse local, seja por aborrecimento, seja pela ausência de atividade, ou isso lhe causará perturbação, pois o espaço não satisfaz suas necessidades lúdicas naturais.

Vamos supor que o mesmo local tenha agora uma decoração alegre e simples, e certas cores nas paredes, expostas com um desenho satisfatório; apresente espelhos plásticos, que expandem o ambiente e lhe proporcionam um clima lúdico; e

Capítulo 5 - Brinquedoteca: Montagem Passo a Passo

tenha adornos em algum canto e no teto. Assim, o aspecto austero do ambiente se tornará acolhedor, com o conforto de assentos para adultos e crianças.

[Créditos: Arquiteto: Douglas Piccolo/*Designer*-gráfica: Cinara C. Piccolo]

A mesma sala, acrescida de simples decoração para recepcionar crianças. São Bernardo do Campo (SP), 2009.

[Créditos: Arquiteto: Douglas Piccolo/*Designer*-gráfica: Cinara C. Piccolo]

Sala com enfoque decorativo para a infância. São Bernardo do Campo (SP), 2009.

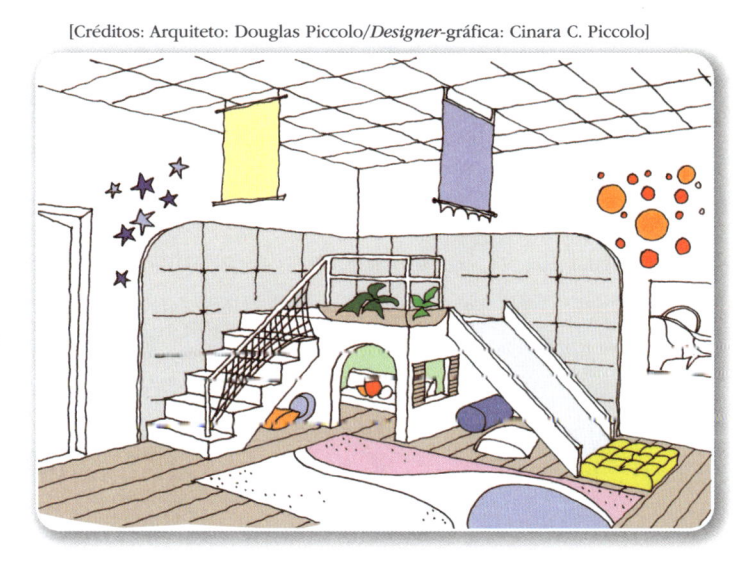

Entretanto, se desejarmos que o espaço de recepção seja exclusivo para receber crianças de três a cinco anos, será interessante decorar o local em que seja possível movimentar-se, com proteção e bastante diversão. Certamente, a permanência nesse local fará que haja uma receptividade a qualquer tratamento, seja ambulatório, clínico, odontológico ou de pediatria, entre outras especialidades.

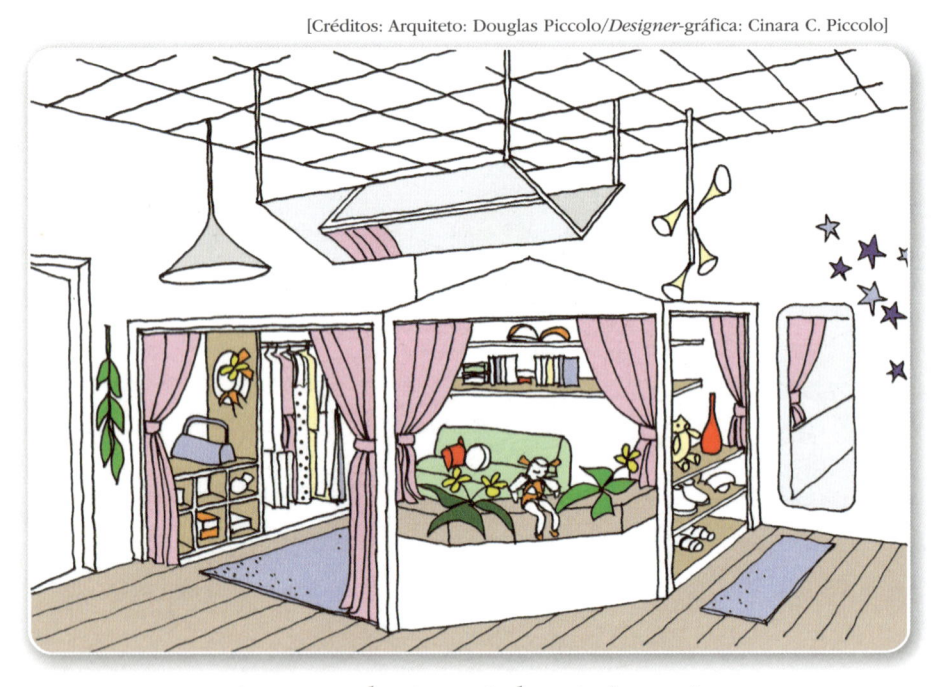

[Créditos: Arquiteto: Douglas Piccolo/*Designer*-gráfica: Cinara C. Piccolo]

A mesma sala apresentada anteriormente com enfoque lúdico (brinquedoteca). São Bernardo do Campo (SP), 2009.

Além disso, deixamos essa sugestão, com enfoque na decoração para uma pequena brinquedoteca, com mobília, fantasias, jogos, livros, brinquedos e teatrinho de fantoches.

Uma brinquedoteca básica varia muito, dependendo do tamanho da sala, do pé-direito (altura da parede em relação ao forro), da quantidade de janelas, ou portas, da existência ou não de divisórias ou paredes de alvenaria e, até mesmo, da quantidade de colunas de sustentação. Tais fatores restringem a possibilidade de distribuição do material lúdico, desafiando a criatividade do decorador.

Para apresentar uma brinquedoteca com todos os espaços, incluindo uma parte psicomotora (pois neste capítulo vamos descrever cada parte temática da estrutura com exposição de modelos), seguem algumas fotos da *Ludoteca El Escondite*, filiada à Associação Mexicana de Ludotecas, cuja presidente é Mônica Juárez, também membro do conselho da Itla.

Vistas parciais da Ludoteca Mexicana El Escondite. México, 2007.

[Crédito: Mônica Juárez]

5.2 Ambiente e estrutura básica da brinquedoteca

Subdividir a brinquedoteca em espaços denominados de cantinhos ajuda a criança a se organizar mentalmente, por meio da percepção da realidade, e a reorganizar-se de acordo com a sua imaginação e vontade. Podemos encontrar uma grande diversidade de situações no interior dos espaços com o aproveitamento dos cantos dos cômodos, para definir estímulos que serão enriquecidos pela criatividade dos brinquedistas.

Cunha (2001) descreve alguns dos espaços e atividades mais frequentes na brinquedoteca. Essas sugestões, mescladas com nossa experiência, serão apresentadas a seguir.

5.2.1 Cantinho fofo ou do afeto

Esse é o cantinho mais aconchegante da brinquedoteca, repleto de bichinhos encantadores, feitos de tecidos, com diferentes texturas e maciez. Nesse local, existe uma variedade de modelos criados e feitos com atenção, arrematados nos mínimos detalhes, que encantam desde os bebês aos idosos.

Geralmente, esse é um dos espaços preferidos pelas crianças da primeira infância (de zero a dois anos). Entretanto, quem não gosta de tocar um brinquedo macio e cheiroso?

Por ser um brinquedo que está sempre muito próximo da pele, do nariz e da boca da criança, a higiene tem de ser fundamental. Sugerimos que sejam limpos frequentemente; por isso,

[Crédito: S. R. O. Teixeira]

Universitárias confeccionando brinquedos com sucata. Canto fofo sendo arrumado. Brinquedoteca-modelo da FIG-Unimesp. São Paulo, 2007.

Capítulo 5 - Brinquedoteca: Montagem Passo a Passo

[Crédito: B. P. Gimenes]

*Canto fofo de brinquedoteca
em Sintra. Itla, Portugal, 2002.*

os brinquedos devem ser divididos em dois grupos, pois, enquanto alguns deles divertem as crianças, os outros são lavados com sabão de coco e água corrente em abundância.

Em seguida, é aconselhável uma vistoria em olhos e narizes dos brinquedos, pois estes se despregam facilmente, correndo o risco de serem engolidos por alguma criança.

Também é aconselhável que haja mobília macia, almofadada, para que os pequenos possam subir, descer, rolar e até pular de qualquer local, sem perigo de se machucar.

5.2.2 Cantinho do faz de conta

É um dos cantinhos preferidos da brinquedoteca, que está sempre cheio de crianças imitando a realidade.

Esse tipo de atividade possibilita que a criança se aproprie do universo do mundo adulto desencadeando o uso de

Brinquedoteca: Manual em educação e saúde

[Crédito: B. P. Gimenes]

*Crianças brincando de faz de conta
na Instituição Assistencial e Educacional Amélia Rodrigues,
em Santo André (SP), 1997.*

sua imaginação criadora (Vygotsky, 1989). Aqui, entre as situações imaginárias, podemos citar o brincar de casinha, de escolinha, de médico, de lojinha de posto de gasolina, de cavalinho feito com cabo de vassoura, que são momentos privilegiados para o desenvolvimento humano. No processo do faz de conta, a criança amplia sua capacidade de visualizar o mundo exterior e, ao mesmo tempo, no plano simbólico, da representação, ela se inicia na compreensão do universo onde vive.

Em alguns casos, os cantinhos da brinquedoteca são distribuídos em salas selecionadas por faixas etárias, alternando-os com outras atividades educacionais (Gimenes, 1998).

Podemos colocar os conjuntos de brinquedos fora da instituição, em uma minicasinha, ou no interior de uma sala, em um dos cantos. Então, desde a cozinha, com seus eletrodomésticos e móveis em madeira, como a mesa e as cadeiras; a lavanderia, com a

[Crédito: Acervo ABBri]

*Vendinha. Brinquedoteca
da Universidade do
Paraná (UniPar).
Londrina, 2005.*

Capítulo 5 - Brinquedoteca: Montagem Passo a Passo

Sonho de ser princesa. Brinquedoteca-modelo da FIG-Unimesp. São Paulo, 2008.
[Crédito: S. R. O. Teixeira]

Cozinha (vista superior) da Brinquedoteca Portuguesa. Itla, Sintra, 2002.
[Crédito: B. P. Gimenes]

Cozinha da Quiproquó, Oficina de Arte em Lazer. São José do Rio Preto (SP), 2006.
[Crédito: B. P. Gimenes]

mesa de passar roupas e o varal; o dormitório com berços, roupinhas e muitas bonecas, um trocador e banheira, para desenvolver hábitos de higiene pessoal; uma sala de visitas, com minissofás e telefones, simulando a comunicação, além de outros itens, que ensaiam para o futuro.

5.2.3 Cantinho das fantasias

Segundo Gimenes (1999), entre dois anos e quatro anos e meio aproximadamente, a criança adentra na fase simbólica do pensamento, podendo imitar a realidade à sua volta. Mas, às vezes, redireciona para uma situação adversa, em conformidade com suas estruturas cognitivas, ainda em formação, que, nesse caso, vivencia os jogos simbólicos, como amenizadores de fatores intervenientes emocionais angustiantes que esteja vivendo. Assim, a criança passa de agente passivo no mundo adulto a protagonista na situação lúdica, aliviando, então, sua tensão emocional pela catarse, ressignificando aquela experiência cognitivamente.

Ou então, por meio do canto das fantasias, ela pode imaginar e criar um mundo particular por alguns momentos, pois, ao mudar uma vestimenta, isso lhe proporciona novas sensações. Como exemplos, ao pôr um chapéu de fada, vai se sentir como a princesa da história com castelos e príncipes, ou, quando usa instrumentos médicos de brinquedo, passa a controlar melhor a dor que experimenta.

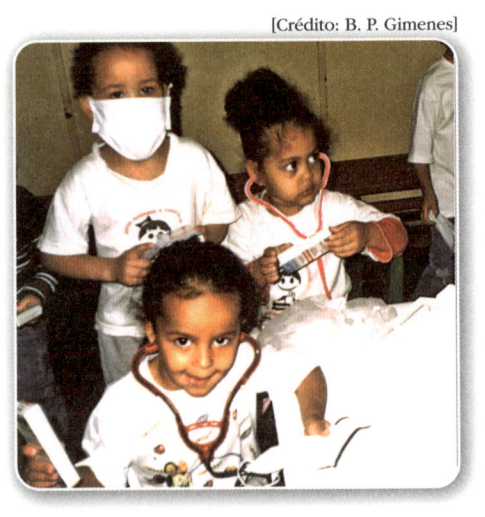

Crianças brincando de médico. Complexo Lúdico Meimei, São Bernardo do Campo (SP), 2005.

5.2.4 Cantinho da imaginação e teatrinho

Esse é um dos locais reservados para a criação de histórias e o manuseio de fantoches. Essa interação libera a imaginação, a expressão facial e, conforme o tamanho do lugar, a criança pode contracenar com alguma peruca ou acessório, vivenciando momentos fantasiosos.

Nesse espaço, deve haver um espelho grande, além de chapéus e perucas, colares, brincos, coroas, máscaras e maquiagem, em especial batons e *gliter*, pois as crianças gostam de muita cor e brilho.

Capítulo 5 - Brinquedoteca: Montagem Passo a Passo

[Crédito: B.P. Gimenes]

Teatrinho da brinquedoteca em Sintra. Itla, Portugal, 2002.

Quanto às fantasias, lembramos que roupas e calçados dos adultos não devem faltar, porque as crianças adoram imitar os pais, ou um adulto importante para elas. Por isso, um chapéu conservado do vovô, um lenço da titia e uma gravata do papai podem ser muito valiosos para brincar de mamãe, papai e filhinha, ou então, dramatizar outro personagem.

[Créditos: E. Cotrim e S. R. O Teixeira]

*Crianças e os contos de fadas. Creche Meimei,
São Bernardo do Campo (SP), 2005.
Brinquedoteca-modelo da FIG-Unimesp. São Paulo, 2007.*

[Crédito: B. P. Gimenes]

Canto de acessórios das fantasias e cantinho da beleza. Complexo Lúdico Meimei, São Bernardo do Campo (SP), 2008.

Não raro, para os pequenos, antes dos quatro ou cinco anos de idade, esse tipo de brincadeira possibilita a troca de personagens subitamente, por causa da evocação de determinado fato provocada pela percepção de alguma característica marcante no brincar. Isso é comum ocorrer, mesmo que não haja coerência com a vestimenta ou o contexto lúdico, como exemplo, quando a criança está vestida de mamãe e filhinha, oferecendo um copo, mas repentinamente resolve ser uma cantora próximo à sua ouvinte. Os jogos simbólicos são muito estudados por Piaget (1978) e Vygotsky (1989), e o último esclarece essa situação, pelo elemento *pivô* que surgiu na brincadeira, desencadeando a nova representação mental (talvez o copo evocasse um microfone e, por gostar de cantar, reagiu dessa maneira).

5.2.5 Cantinho da leitura

Esse é o espaço destinado para a leitura de histórias retiradas de um baú com livros infantis. Sugerimos que haja um tapete e almofadas para uma melhor acolhida dos leitores mirins,

Capítulo 5 - Brinquedoteca: Montagem Passo a Passo

[Créditos: B. P. Gimenes e Evandro Rocha]

Espaço de leitura do Instituto da Criança em Orly. Itla, França, 2008. Espaço de leitura da brinquedoteca comunitária portuguesa em Sintra. Itla, Portugal, 2002. Espaço de leitura e fantoches da Quiproquó, Oficina de Arte em Lazer. São José do Rio Preto (SP), 2006.

ou para que eles se descontraiam e possam viajar com a imaginação. Ali os livros são manuseados como brinquedos, não com o objetivo de fazer uma pesquisa literária em uma biblioteca.

O canto da leitura é um local ideal para se contar histórias, encantando e mostrando para os ouvintes o prazer de mergulhar em um livro e viajar pelo mundo da imaginação.

[Crédito: B. P. Gimenes]

Árvore para se aconchegar no momento da leitura e cabana feita por um livro gigante (próximo a ela, observe a sacola de livros). Projeto Mundo Livro. Sesc Santo André (SP), 2008.

Nesses momentos, deve-se facilitar o contato com os livros, mostrando às crianças suas figuras e permitindo que explorem os conteúdos de forma interessante e prazerosa. Afinal, o ouvinte está se iniciando nessa área ou satisfazendo sua curiosidade sobre algum tema naquele momento.

É importante que esse cantinho seja contemplado com vários materiais de leitura, como livros de pano, de espuma, de feltro, de plástico, de vários tamanhos e assuntos diversificados.

5.2.6 Cantinho dos jogos

Nesse local, sugerimos diversos jogos em estantes, de forma que estejam dispostos da seguinte maneira (de baixo para cima): aqueles que são de acoplagem (de construção), para crianças menores, os de regras simples, ao meio, e os de regras complexas, nas prateleiras mais altas.

[Crédito: N. H. S. Cunha]

Jogos na Ludoteca Central Parisiense.
Itla, França, 2008.

Capítulo 5 - Brinquedoteca: Montagem Passo a Passo

[Créditos: B. P. Gimenes e Acervo ABBri]

Jogos na brinquedoteca comunitária portuguesa em Sintra. Itla, Portugal, 2002. Jogos na brinquedoteca da Universidade do Paraná (UniPar). Londrina (PR), 2006.

Sabemos que os jogos são importantes na socialização e para o desenvolvimento cognitivo, mas, durante o jogar, é possível destacarmos muitas atitudes dos participantes sob o aspecto afetivo-emocional (Gimenes, 2000).

Esse espaço deve conter algumas mesas e um chão não frio, porque é comum os pequenos disputarem um lugar no solo enquanto estão jogando.

Esse local é muito procurado pelas crianças mais velhas, após os seis ou sete anos de idade, principalmente nas brinquedotecas em que os adultos podem frequentar com os mais jovens. É comum vermos encontros intergeracionais nas brinquedotecas estrangeiras.

5.2.7 Cantinho com brinquedos diversos

Para que os brinquedos sejam vistos e facilmente manuseados na exploração livre, devem estar ao alcance das crianças em uma prateleira. Para isso, existem caixas organizadoras, de plástico transparente, de vários tipos e tamanhos para os brinquedos miúdos, como a Barbie® e suas roupas, as peças de Playmobil® ou jogos sem embalagem, pois suas caixas se deterioram facilmente.

Os brinquedos devem ser organizados sempre do maior para o menor, proporcional às faixas etárias. Essas embalagens podem estar em estantes também, que devem ser em madeira ou ferro e fixadas na parede, se estiverem em local elevado. Podem ser de cores variadas, com características infantis ou motivos pedagógicos. Além disso, nessas prateleiras, podemos colocar bichos de pelúcia, brinquedos de puxar e empurrar, entre outros.

5.2.8 Cantinho das invenções ou artes em sucata

É um lugar para liberar a criatividade, inventando coisas. Existem várias possibilidades de materiais para a concretização das ideias que ali eclodem, como: construir jogos com sucata, bonecas e fantoches, móbiles e veículos, livros de panos, objetos em argila, e outras produções, cuja confecção é lúdica por si mesma.

Nesse local, a criança pode tecer, alinhavar ou costurar; recortar e colar; rasgar, picar e amassar, como o caso de fazer papel-machê; serrar e lixar pequenas peças de madeira; pintar

[Crédito: B. P. Gimenes]

Ambientes de artes.
Brinquedotecas comunitárias
portuguesas em Sintra.
Itla, Portugal, 2002.

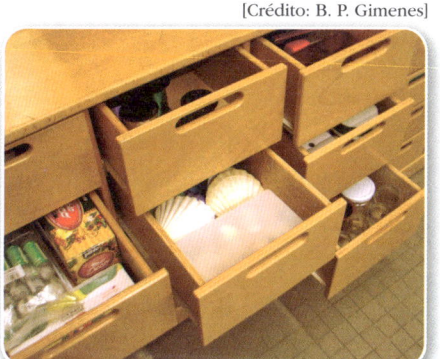

Capítulo 5 - Brinquedoteca: Montagem Passo a Passo

*Oficina de artes e marcenaria, do Instituto da Criança.
Orly, França, 2008.*

com diversos materiais, desde guache a tinta acrílica; enfim, manipular todo tipo de material dando asas à sua imaginação.

É importante relembrar que, quando é criado, um brinquedo é muito valorizado, ainda mais se for confeccionado com material natural, como: madeira, algodão, sementes, pedras, conchas e barro. Recordando o que foi mencionado por Antunha (2000), isso favorece o acesso a materiais da natureza e o amor ao meio ambiente.

A utilização de elementos naturais para a confecção de brinquedos é prática universal de quase todos os povos antigos. Até hoje, essa prática pode ser vista em vários países, como na França, em que se utilizam elementos do mar guardados em gavetas, ou na África do Sul, em que é utilizado papel-machê nos brinquedos, confeccionados pelas crianças.

Quanto aos tipos de sucata, os mais indicados para armazenar

*Crianças moldam seu prato em
papel-machê. Itla, África do Sul, 2005.*

na brinquedoteca, por serem passíveis de higienização, são tampinhas e garrafas PET, de produtos de limpeza, de xampu e de potes de alimentos; recipientes de requeijão, de iogurte, de leite fermentado, caixas de sucos e de leite pasteurizados; embalagens de fósforos, de creme dental, entre outros materiais.

Sugerimos que sejam reservados restos de lã, de tecido, de barbante, de lantejoulas, de botões, de miçangas e de vidrilhos, além dos retalhos de todos os tipos de papéis, de TNT e de EVA. Esses recursos da década de 1990, fixados com cola quente ou decorados com cola colorida, são muito funcionais e atraentes para o acabamento de qualquer obra.

Vale lembrar que a força da imaginação criadora será manifestada à medida que a criança for respeitada e atendida em suas necessidades.

5.2.9 Oficina de manutenção

Nesse local, ocorre a construção ou restauração de brinquedos quebrados. Geralmente, é liderada pelo brinquedista ou por voluntários.

[Crédito: B. P. Gimenes]

Mobília para acondicionar peças na área de manutenção de brinquedos. Brinquedoteca de Orly. Itla, França, 2008.

Capítulo 5 - Brinquedoteca: Montagem Passo a Passo

5.2.10 Outros miniespaços

É importante a brinquedoteca estabelecer horários agendados para realizar oficinas e convidar a comunidade infantil. Entre os exemplos de oficinas estão as de montagem de aviões de papel (*origami*); de montagem de pipas (podendo-se aliar ao estudo lúdico da Geometria); ecoficina de brinquedos em sucata; de brinquedos de papel-machê; de confecção de fantoches etc. Vale mencionar que uma boa data para realizar a oficina é 28 de maio, em que se comemora o Dia Internacional do Brincar.

a) Mesa de atividades

Aqui, de preferência, as mesas devem ser feitas em madeira, de forma arredondada, para que as crianças exercitem atividades grupais, como jogar, brincar de massinha, desenhar, pintar ou realizar qualquer trabalho coletivo. Há brinquedotecas que são muito amplas, podendo ter uma sala para cada tipo de cantinho, como em Orly, na França.

[Crédito: B. P. Gimenes]

Mesa de atividades. Brinquedoteca-modelo da FIG-Unimesp. São Paulo, 2007. Bonecas e bebês, Brinquedoteca Condomínio. São Bernardo do Campo (SP), 2009.

b) Acervo ou almoxarifado de brinquedos pedagógicos

Nesse local, há estantes repletas de jogos e quebra-cabeças que estão guardados à disposição do profissional (professor ou brinquedista) para alternar na brinquedoteca, levar em sala de aula como recurso pedagógico ou nas capacitações continuadas profissionais, fazendo uma pré-seleção do que será usado e prever os objetivos e procedimentos. Vale lembrar que não é conveniente ministrar aulas nesse espaço, pois é mais um almoxarifado-laboratório, além de ser um reservatório para trocar brinquedos destinados à higienização, como os feitos em tecido, que são os preferidos dos bebês em fase maternal.

c) Quadro de comunicação

É mais uma forma de desenvolver o hábito de leitura de avisos e de trocar informações do que ocorre na brinquedoteca. Cunha (2001) sugere que uma criança escreva para outra, ou que sejam afixadas informações sobre os acontecimentos ligados à rotina de brinquedoteca (programação do mês, eventos sobre o brincar no espaço etc.). Esse quadro pode ser imantado, confeccionado com feltro ou mesmo uma lousa branca convencional.

d) Piscina de bolinhas

É possível instalar uma pequena piscina de bolinhas para até três ou quatro crianças, em brinquedotecas onde há espaço para bebês. Esse espaço é bastante interessante pelas surpresas que promove, seja no contato com as bolinhas, seja nos estímulos visuais multicoloridos. Também vale mencionar a importância de manter o equilíbrio do corpo, entre outros benefícios proporcionados às crianças. É fundamental a higienização constante de todo o material.

[Crédito: B. P. Gimenes]

Bebê em piscina de bolinhas. Brinquedoteca Condomínio. São Bernardo do Campo (SP), 2008.

e) Cantinho dos fantoches

Esse local, em que os fantoches são privilegiados, é muito especial para as crianças de pré-escola, particularmente entre os três e cinco anos. É conveniente que o cantinho dos fantoches esteja próximo aos livros, às fantasias e ao espaço de dramatização.

[Crédito: B. P. Gimenes]

Crianças brincando com fantoches.
Complexo Lúdico Meimei. São Bernardo do Campo (SP), 2007.
Voluntária da Meimei, de 91 anos, confecciona o edredom de histórias para bebês. Residência em São Bernardo do Campo (SP), 2008.

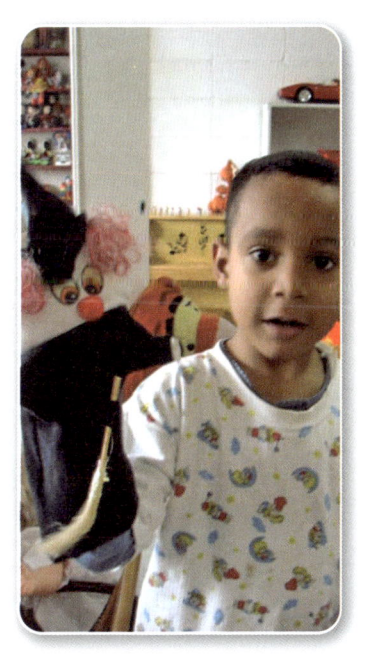

[Crédito: B. P. Gimenes]

Criança brincando com fantoche. Complexo Lúdico Meimei. São Bernardo do Campo (SP), 2007. Fisioterapeuta com o boneco pedagógico. Itla, Paris, 2008.

Sabemos que, nessa fase do desenvolvimento infantil, ocorre a estrutura do mundo mental da criança, que vive entre a realidade e a fantasia. Por isso, geralmente, seu pensar é expresso em voz alta, descrevendo suas ações, pois as criançam falam com elas mesmas e com os objetos, dando vida ao mundo inanimado. Então se identificam com os fantoches, comunicando-se com eles, interagindo melhor do que se falassem com pessoas – isso é muito usado em Psicoterapia Infantil (Gimenes, 2002).

f) Espaço de recreação

É possível que os grandes terrenos destinados às brinquedotecas tenham partes lúdicas interna e externa. É o caso de brinquedotecas estrangeiras, cuja parte coberta e fechada é destinada para as crianças realizarem atividades mais contidas, ou expressarem ações intelectivas. Por sua vez, na parte externa, elas poderão manifestar ações mais extrovertidas e físicas, por exemplo, os já conhecidos brinquedos de parques infantis, ou brinquedos movidos a água, ou que exigem movimentos amplos, como o pula-pula, entre outros.

Há brinquedotecas muito amplas localizadas em terrenos que contemplam áreas internas e externas. Nesses locais, podem ter casinha de boneca, telefone público, foguete, carros e carrocinha. Também é possível abrigar horta e viveiros de animais de pequeno porte.

[Crédito: Evandro Rocha]

Espaço externo da Quiproquó, Oficina de Arte em Lazer. São José do Rio Preto (SP), 2006.

g) Exposição de brinquedos antigos

Nos locais com um espaço amplo, ou uma sala contígua à brinquedoteca, pode-se montar um cantinho curioso, dedicado a uma exposição permanente ou com rotatividade de brinquedos antigos ou exóticos. Também é possível organizar uma exposição de brinquedos de outras culturas, para saber como brincam as crianças de outros países.

5.3 Manutenção da brinquedoteca

A manutenção de uma brinquedoteca depende muito da atenção, do respeito e da dedicação da equipe responsável.

É preciso que haja um empenho coletivo dos componentes: da diretoria, do coordenador, do brinquedista, do professor, dos voluntários, do faxineiro, do porteiro e também dos frequentadores. Para isso, deve haver um regulamento com normas para a entrada de material lúdico (registro), de como mantê-los limpos, embalados e conservados; de saída para higienização e conserto externo; de cadastro da mobília e dos colaboradores. Também é conveniente organizar uma pasta de catálogos e endereços de fabricantes de brinquedos, entre outros fornecedores.

Todas as pessoas que, de forma direta ou indireta, acompanham o trabalho na brinquedoteca, devem ser capacitadas continuamente, orientadas quanto aos cuidados e a responsabilidade de atuarem em um ambiente que recebe crianças de diversas idades, estimuladas para manter o entusiasmo inicial.

Seguem algumas dicas:
- É proibido não gostar de brincar e não gostar de criança.
- É necessária a adoção de um sistema de classificação dos brinquedos, que pode ser organizado pela equipe, para facilitar sua localização.
- Manter um clima de alegria e de afetividade entre a

equipe e as crianças. Isso é possível com a realização periódica de reuniões para: saber sobre o funcionamento da brinquedoteca; onde se pode melhorar ou aperfeiçoar; sugerir novidades e projetos; manter o clima de animação e segurança para a equipe; oferecer a todos a liberdade de expressarem o que pensam, compartilharem anseios e dificuldades e manterem a dedicação e o amor ao trabalho.

• Preparar e executar minicursos sobre confecção de brinquedos, de brincadeiras pedagógicas, classificação de brinquedos e seus benefícios, montagem de brinquedoteca etc. Lembrar da importância da brinquedoteca como um espaço privilegiado pelo brincar que promove a aprendizagem e facilita o desenvolvimento humano.

Para cadastrar os brinquedos, sugerimos que sejam classificados pelo Método de Garon (1992). Esse método de análise teve seu estudo de campo sobre 2,5 mil brinquedos na Centrale des Bibliothèques du Québec, em 1981. Ele apresenta as diversas fases de montagem de uma ficha sobre determinado jogo/brinquedo. A ficha apresentada a seguir, sobre a análise do jogo de regras dominó, foi idealizada por Gimenes.

O Sistema Esar classifica os jogos enquanto eles aparecem ao longo do desenvolvimento humano (Piaget, 1978), sendo: E – jogos de exercícios ou funcionais; S – jogos simbólicos; A – jogos de acoplagem ou de construção; R – jogos de regras simples ou complexas. Esse modelo auxilia no empréstimo de material lúdico e no cadastro do acervo das brinquedotecas.

▶▶ TABELA A
FONTE DE DESCRITORES DO SISTEMA ESAR (CLASSIFICAÇÃO E ANÁLISE DE MATERIAIS LÚDICOS: O SISTEMA ESAR)

ETAPA A – ATIVIDADES LÚDICAS

1. JOGO DE EXERCÍCIO
01. Jogo sensorial sonoro
02. Jogo sensorial visual
03. Jogo sensorial tátil
04. Jogo sensorial olfativo
05. Jogo sensorial gustativo
06. Jogo motor
07. Jogo de manipulação

2. JOGO SIMBÓLICO
01. Jogo de faz de conta
02. Jogo de papéis
03. Jogo de representação

3. JOGO DE ACOPLAGEM (PARA MONTAR)
01. Jogo de construção
02. Jogo de ordenação
03. Jogo de montagem mecânica
04. Jogo de montagem eletromecânica
05. Jogo de montagem eletrônica
06. Jogo de acoplagem científica
07. Jogo de acoplagem artística

4. JOGO DE REGRAS SIMPLES
01. Jogo de loto
02. Jogo de dominó
03. Jogo de sequência
04. Jogo de circuito (percurso)
05. Jogo de destreza
06. Jogo esportivo elementar
07. Jogo de estratégia elementar
08. Jogo de sorte
09. Jogo elementar de pergunta-resposta

10. Jogo de vocabulário
11. Jogo de matemática
12. Jogo de teatro

5. JOGO DE REGRAS COMPLEXAS
01. Jogo de reflexão
02. Jogo esportivo complexo
03. Jogo de estratégia complexa
04. Jogo de sorte
05. Jogo complexo de pergunta-resposta
06. Jogo de vocabulário complexo
07. Jogo de análise matemática
08. Jogo de acoplagem complexa
09. Jogo de representação complexa
10. Jogo de cena

ETAPA B – CONDUTAS COGNITIVAS
1. CONDUTA SENSÓRIO-MOTORA
01. Repetição
02. Reconhecimento sensório-motor
03. Generalização sensório-motora
04. Raciocínio prático

2. CONDUTA SIMBÓLICA
01. Evocação simbólica
02. Ligação imagem-palavra
03. Expressão verbal
04. Pensamentos representativos

3. CONDUTA INTUITIVA
01. Triagem
02. Emparelhamento
03. Diferenciação de cores
04. Diferenciação de dimensões
05. Diferenciação de formas
06. Diferenciação de texturas
07. Diferenciação temporal
08. Diferenciação espacial
09. Associação de ideias
10. Raciocínio intuitivo

4. CONDUTA OPERATÓRIA CONCRETA
01. Classificação
02. Seriação
03. Correspondência
04. Relação imagem-palavra
05. Numeração
06. Operação numérica
07. Conservação de quantidades físicas
08. Relações espaciais
09. Relações temporais
10. Coordenação simples
11. Raciocínio concreto

5. CONDUTA OPERÁTÓRIA FORMAL
01. Raciocínio hipotético
02. Raciocínio dedutivo
03. Raciocínio indutivo
04. Raciocínio combinado
05. Sistema/representações complexas

ETAPA C – HABILIDADES FUNCIONAIS
1. EXPLORAÇÃO
01. Percepção visual
02. Percepção auditiva
03. Percepção tátil
04. Percepção gustativa
05. Percepção olfativa
06. Referenciação visual
07. Referenciação auditiva
08. Preensão
09. Deslocamento
10. Movimento dinâmico no espaço

2. IMITAÇÃO
01. Reprodução de ações
02. Reprodução de objetos
03. Reprodução de acontecimentos
04. Reprodução de papéis
05. Reprodução de modelos
06. Reprodução de palavras

07. Reprodução de sons
08. Aplicação de regras
09. Atenção visual
10. Atenção auditiva
11. Discriminação visual
12. Discriminação auditiva
13. Discriminação tátil
14. Discriminação gustativa
15. Discriminação olfativa
16. Memória visual
17. Memória auditiva
18. Memória tátil
19. Memória gustativa
20. Memória olfativa
21. Coordenação olho-mão
22. Coordenação olho-pé
23. Orientação espacial
24. Orientação temporal
25. Organização espacial
26. Organização temporal

3. DESEMPENHO
01. Acuidade visual
02. Acuidade auditiva
03. Destreza
04. Leveza
05. Agilidade
06. Resistência
07. Força
08. Rapidez
09. Precisão
10. Paciência
11. Concentração
12. Memória lógica

4. CRIAÇÃO
01. Criatividade de expressão
02. Criatividade produtiva
03. Criatividade inventiva

ETAPA D – ATIVIDADES SOCIAIS
1. ATIVIDADE INDIVIDUAL
01. Atividade solitária
02. Atividade paralela

2. PARTICIPAÇÃO COLETIVA
01. Atividade associativa
02. Atividade competitiva
03. Atividade cooperativa

3. PARTICIPAÇÃO VARIÁVEL
01. Atividade solitária ou paralela
02. Atividade solitária ou associativa
03. Atividade solitária ou competitiva
04. Atividade solitária ou cooperativa

ETAPA E – HABILIDADES DE LINGUAGEM
1. LINGUAGEM RECEPTIVA ORAL
01. Discriminação verbal
02. Emparelhamento verbal
03. Decodificação verbal

2. LINGUAGEM PRODUTIVA ORAL
01. Expressão pré-verbal
02. Reprodução verbal de sons
03. Nomeação verbal
04. Sequência verbal
05. Expressão verbal
06. Memória fonética
07. Memória semântica
08. Memória léxica
09. Consciência da linguagem
10. Reflexão sobre a língua

3. LINGUAGEM RECEPTIVA ESCRITA
01. Discriminação de letras
02. Correspondência letra-som
03. Decodificação silábica
04. Decodificação de palavras
05. Decodificação de frases
06. Decodificação de mensagens

4. LINGUAGEM PRODUTIVA ESCRITA
01. Memória ortográfica
02. Memória gráfica
03. Memória gramatical
04. Memória sintática
05. Expressão escrita

ETAPA F – CONDUTAS AFETIVAS
1. CONFIANÇA
01. Não diferenciação
02. Sorriso como resposta social
03. Apego a um objeto transicional
04. Angústia perante o desconhecido

2. AUTONOMIA
01. Consciência do não
02. Consciência do corpo
03. Autorreconhecimento

3. INICIATIVA
01. Diferenciação dos sexos
02. Identificação paterna
03. Aprendizagem dos papéis sociais

4. TRABALHO
01. Curiosidade intelectual
02. Reconhecimento social
03. Identificação extrafamiliar

5. IDENTIDADE
01. Busca da personalidade
02. Aprendizagem das formas de organização social

▶ TABELA B
CLASSIFICAÇÃO ESAR POR FAMÍLIAS DE BRINQUEDOS
(CLASSIFICAÇÃO E ANÁLISE DE MATERIAIS LÚDICOS: O SISTEMA ESAR)

1. JOGO DE EXERCÍCIO

01. **Jogo sensorial sonoro:** caixinhas de músicas, brinquedos sonoros, piões sonoros etc.

02. **Jogo sensorial visual:** móbiles, caleidoscópios etc.

03. **Jogo sensorial tátil:** objetos para apalpar, tocar, pressionar etc.

04. **Jogo sensorial olfativo:** lápis de cor com odores característicos etc.

05. **Jogo sensorial gustativo:** acessórios para cozinhar, caixinhas de sabores etc.

06. **Jogo motor:** objetos rolantes, peneiras, pernas de pau etc.

07. **Jogo de manipulação:** brinquedos para empilhar, apanhar, tocar, enfiar, esvaziar etc.

2. JOGO SIMBÓLICO

01. **Jogo de faz de conta:** pequenas personagens articuladas, veículos e edifícios em miniatura, acessórios da vida adulta, bonecas, acessórios de bonecas etc.

02. **Jogo de papéis:** marionetes, acessórios para disfarce, roupas etc.

03. **Jogo de representação:** telas mágicas, personagens em feltro, material de desenho, impressão, pintura etc.

3. JOGO DE ACOPLAGEM

01. **Jogo de construção:** peças para encaixar, acoplar, parafusar, sobrepor, justapor, blocos de jogos etc.

02. **Jogo de ordenação:** caça-palavras, encaixes, abotoamentos, mosaicos, acoplagens lineares etc.

03. **Jogo de montagem mecânica:** acoplagem de peças movimentadas por meio de cordas, molas etc.

04. **Jogo de montagem eletromecânica:** acoplagem de peças movimentadas por intermédio de pilhas etc.

05. **Jogo de montagem eletrônica:** acoplagem de peças movimentadas por intermédio de circuitos eletrônicos etc.

06. **Jogo de acoplagem científica:** acoplagem de elementos de experiência de caráter científico (Química, Física, Biologia, Ciências Naturais etc.).

07. **Jogo de acoplagem artística:** instrumentos de jogo como tesouras, matérias de modelagem, colagem, escultura etc.

4. JOGO DE REGRAS SIMPLES

01. **Jogo de loto:** caixas de jogos com imagens para associar a um quadro de fundo, segundo regras precisas.
02. **Jogo de dominó:** série de cartões ou plaquetas com diferentes e várias imagens (duas por cartão ou placa) para associar duas a duas, seguidas umas às outras, segundo regras bem precisas.
03. **Jogo de sequência:** série de imagens para ordenar segundo regras precisas.
04. **Jogo de circuito:** jogo de percurso e deslocamentos segundo regras e direções precisas.
05. **Jogo de destreza:** labirintos, jogos de pontaria, jogos de precisão etc.
06. **Jogo esportivo elementar:** voleibol, críquete, jogo do lenço etc.
07. **Jogo de estratégia elementar:** batalha naval, damas, jogo do ludo etc.
08. **Jogo de sorte:** jogo dos cabos, alguns jogos de cartas etc.
09. **Jogo elementar de pergunta-resposta:** jogo-questionário, *quiz*, *electro, trivial pursuit*.
10. **Jogo de vocabulário:** jogo de leitura, de letras, palavras cruzadas simples etc.
11. **Jogo de matemática:** jogo de cálculo, jogo de números, jogo de conjuntos etc.
12. **Jogo de teatro:** jogo de papéis-cenários etc., submetidos a regras de execução.

5. JOGO DE REGRAS COMPLEXAS

01. **Jogo de reflexão:** xadrez, gamão etc.
02. **Jogo esportivo complexo:** futebol, polo, hóquei etc.
03. **Jogo de estratégias complexas:** *master-mind* complexo etc.
04. **Jogo de sorte:** roleta, jogo de cassino etc.
05. **Jogo complexo de pergunta-resposta:** *superquiz*, anagramas etc.
06. **Jogo de vocabulário complexo:** palavras cruzadas cúbicas, mensagens codificadas, enigmas etc.
07. **Jogo de análise matemática:** jogo de QI, cubo mágico (de Rubik) etc.
08. **Jogo de acoplagem complexa:** jogo de construção eletrônica submetido a regras muito complexas, maquetes em escala, modelos científicos complexos etc.
09. **Jogos de representação complexa:** desenhos eletrônicos programados, planos e diagramas complexos etc.
10. **Jogo de cena:** jogo de teatro com cenários, roupas, acessórios e papéis submetidos a regras de execução complexas etc.

Há também outros modelos de classificação de brinquedos, entre os quais estão a etnológica ou sociológica, que analisa o brinquedo segundo o papel que lhe é atribuído; a filogenética, que o analisa em função da história genealógica da espécie humana; a pedagógica, que o analisa segundo os aspectos e as opções dos métodos educativos; a psicológica, que o analisa com base nas fases de desenvolvimento infantil, cujas categorias abrangem 116 tipos de brinquedos, que sugerimos a seguir (Michelet, 1992. In: Friedmann et al. 1992, p. 157 e 162).

▶▶ TABELA C
CLASSIFICAÇÃO PSICOLÓGICA
(CLASSIFICAÇÃO E ANÁLISE DE
MATERIAIS LÚDICOS: CLASSIFICAÇÃO ICCP)

1. DESENVOLVIMENTO CORPORAL

1.1. MOTRICIDADE GLOBAL

01. Andar
02. Equilíbrio
03. Coordenação geral
04. Balanceamento

1.2. MOTRICIDADE FIXA

01. Preensão
02. Coordenação
03. Consciência
04. Controle
05. Precisão
06. Rapidez
07. Habilidade
08. Aptidão

1.3. EXPERIÊNCIA SENSORIAL

01. Tátil
02. Visual
03. Sonora
04. Olfativa
05. Gustativa
06. Sensações

1.4. ORGANIZAÇÃO ESPAÇO-TEMPORAL
01. Esquema corporal
02. Lateralidade
03. Orientação
04. Transposição
05. Escala
06. Registro temporal
07. Cronologia

1.5. MOVIMENTO
01. Equilíbrio
02. Rapidez
03. Força
04. Resistência

2. DESENVOLVIMENTO INTELECTUAL
2.1. DESPERTAR
01. Descoberta
02. Atenção
03. Observação/escuta
04. Registro
05. Manipulação

2.2. AQUISIÇÃO
01. Aprendizado prático
02. Aprendizado didático
03. Cópias
04. Repetição
05. Imitação
06. Concentração

2.3. MEMORIZAÇÃO
01. Reconhecimento
02. Memória visual
03. Memória verbal

2.4. RACIOCÍNIO
01. Reconhecimento
02. Combinação
03. Experiência
04. Dedução
05. Comparação

06. Atividades operatórias
07. Atividades lógicas
08. Estratégica

2.5. SIMBOLIZAÇÃO
01. Associações
02. Linguagem
03. Representações complexas

3. DESENVOLVIMENTO AFETIVO
3.1. IDENTIFICAÇÃO
01. Imitação
02. Repetição
03. Simulação
04. Invenção
05. Criação

3.2. AUTOAFIRMAÇÃO
01. Personalidade
02. Caráter
03. Consciência
04. Competência
05. Competição
06. Equilíbrio
07. Reequilíbrio
08. Expressão
09. Descrição
10. Fabulação

3.3. SENTIMENTOS
01. Afeto
02. Ternura
03. Proteção
04. Generosidade
05. Agressividade
06. Emoções
07. Senso social

4. DESENVOLVIMENTO CRIATIVO
4.1. INICIAÇÃO
01. Transformação da matéria
02. Atividades artesanais

03. Trabalhos manuais
04. Atividades técnicas
05. Atividades artísticas

4.2. IMAGINAÇÃO
01. Sonho
02. Fabulação
03. Ficção

4.3. EXPRESSÃO
01. Gráfica
02. Pintura/modelagem
03. Musical
04. Dramática
05. Linguística

5. DESENVOLVIMENTO SOCIAL
5.1. ESTIMULAÇÃO
01. Ultrapassagem
02. Desafio
03. Agressividade
04. Emulação
05. Tática

5.2. COMUNICAÇÃO
01. Trocas
02. Expressão
03. Colaboração

5.3. REGRAS
01. Elaboração
02. Aplicação
03. Paciência
04. Respeito

5.4. SOLIDARIEDADE
01. Apoio
02. Associação
03. Espírito de equipe

Para finalizar essa sugestão de organização formal dos materiais lúdicos em uma brinquedoteca, apresentamos a seguir um modelo de ficha classificatória que associa a descrição do objeto lúdico com a análise do Sistema Esar e a visão psicológica.

FICHA ANALÍTICA DE BRINQUEDO NO SISTEMA ESAR
(E VISÃO PSICOLÓGICA)

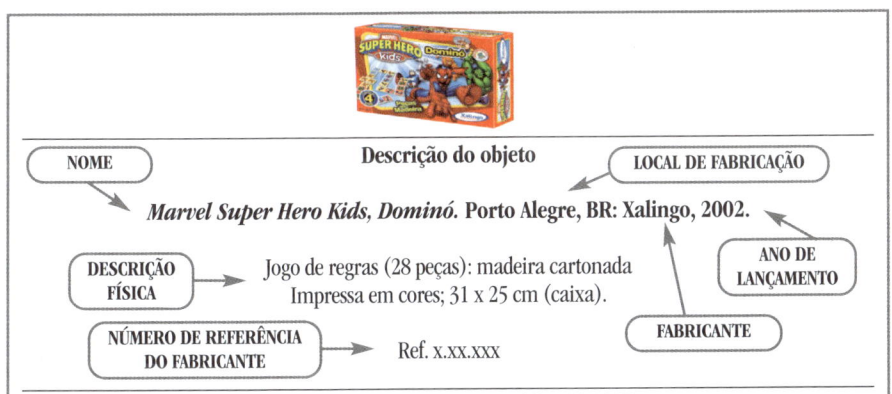

Descrição do objeto

NOME → *Marvel Super Hero Kids, Dominó.* Porto Alegre, BR: Xalingo, 2002. ← LOCAL DE FABRICAÇÃO

DESCRIÇÃO FÍSICA → Jogo de regras (28 peças): madeira cartonada impressa em cores; 31 x 25 cm (caixa). ← ANO DE LANÇAMENTO

NÚMERO DE REFERÊNCIA DO FABRICANTE → Ref. x.xx.xxx ← FABRICANTE

PALAVRAS-CHAVE OU DESCRITORES ESAR

Atividade lúdica: • jogo de regras simples, dominó.
Conduta cognitiva: • evocação simbólica; • discriminação de figuras, formas e cores; • classificação e correspondência (personagens e nomes).
Conduta afetiva: • paciência; respeito a regras.
Habilidades funcionais: • percepção visual; • coordenação olho-mão; • concentração, memória lógica.
Atividade social: • atividade competitiva ou cooperativa.
Habilidade linguística: • nomeação verbal.

ANÁLISE PSICOLÓGICA

Figuras de super-heróis para exercitar a observação, a discriminação visual, a quantidade, a inclusão e a exclusão de conjuntos. A criança aprende a distinguir, a associar e a contar as peças, representando heróis familiares a ela. As peças têm a combinação de figuras de super-heróis de duas a duas (critério do dominó).
Regras: são as mesmas usadas para os dominós. Cada participante recebe certo número de peças e uma é colocada na mesa, com a figura dobrada. Inicia quem tiver uma dessas. Cada jogador, em sua vez, deve adicionar uma peça em sequência às já colocadas, em alguma ponta, ou ir ao monte se não tiver uma peça, ou ainda passar a sua vez, caso a obtida não corresponda. Ganha quem ficar sem peças em primeiro lugar, ou, se ninguém tiver a peça adequada (jogo trancado), vence aquele que tiver o menor número de peças.

ANÁLISE DO MATERIAL

Dominó em madeira cartonada, com estampas coloridas com tintas atóxicas. Peças fáceis de serem manipuladas, encontrando com isso maior autonomia de ação. Recomendado para creches, maternais e brinquedotecas. Embalagem cartonada.

Idade: 2 a 4 anos;
Avaliação: recomendado às famílias e à coletividade
Preço estimado: R$ XX,00

Em outros países, é comum a fabricação de brinquedos artesanais, como frutas, livros de panos, bonecas e outros.

[Crédito: B. P. Gimines]

Frutas, livro de pano e bolo. Itla, Paris, 2008. Bolo doado e crianças do Complexo Lúdico Meimei. São Bernardo do Campo (SP), 2008.

Faces lúdicas (equipe coreana); livro de pano (equipe japonesa); jogo da velha (equipe francesa) e de percurso (equipe espanhola). Itla, Paris, 2008.

[Crédito: B. P. Gimenes]

Se o espaço na brinquedoteca for grande, sugere-se que em uma sala contígua sejam possíveis os encontros semanais para a elaboração ou a manutenção de brinquedos. Na Instituição Meimei, essa atividade ocorre continuamente, cessando apenas nos períodos de férias.

Os brinquedos doados para o Complexo Lúdico Meimei passam primeiramente pela manutenção; em seguida, os excedentes seguem para a venda no Mercado Tudo Serve e para eventos externos.

[Crédito: Cleusa Monteiro de Castro]

Equipe de manutenção, que, além de consertar os brinquedos com amor, participa das grandes vendas. Instituição Assistencial Meimei. São Bernardo do Campo (SP), 2005.

A equipe voluntária é formada, em sua maioria, por pessoas acima dos cinquenta anos, que fazem parte do Núcleo de Convivência da Terceira Idade. Eles fazem desde consertos, confecções de roupas e vestuário para bonecas, restaurações mecânicas e eletrônicas, até artesanatos em geral.

[Crédito: B. P. Gimenes]

Os pais fazem compras e a filhinha imita: escolhe o que quer, a começar pelo carrinho. Complexo Lúdico Meimei. São Bernardo do Campo (SP), 2007.

Capítulo 5 - Brinquedoteca: Montagem Passo a Passo

[Crédito: Arquiteta Cibele C. Piccolo]

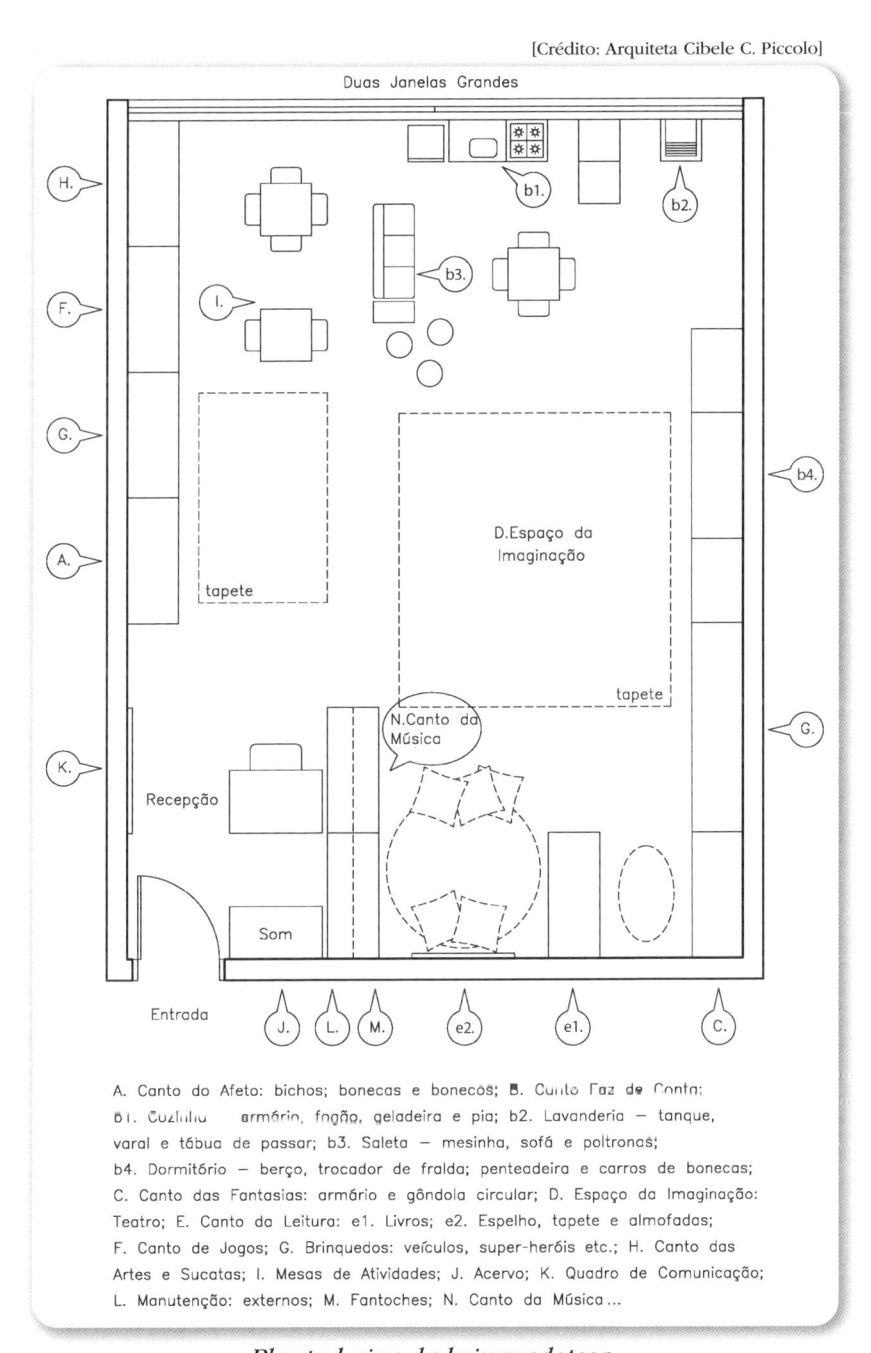

A. Canto do Afeto: bichos; bonecas e bonecos; B. Canto Faz de Conta; b1. Cozinha — armário, fogão, geladeira e pia; b2. Lavanderia — tanque, varal e tábua de passar; b3. Saleta — mesinha, sofá e poltronas; b4. Dormitório — berço, trocador de fralda; penteadeira e carros de bonecas; C. Canto das Fantasias: armário e gôndola circular; D. Espaço da Imaginação: Teatro; E. Canto da Leitura: e1. Livros; e2. Espelho, tapete e almofadas; F. Canto de Jogos; G. Brinquedos: veículos, super-heróis etc.; H. Canto das Artes e Sucatas; I. Mesas de Atividades; J. Acervo; K. Quadro de Comunicação; L. Manutenção: externos; M. Fantoches; N. Canto da Música...

Planta baixa da brinquedoteca:
Complexo Lúdico Meimei (sugestão: 8 m x 6 m= 48 m².
Modelo de planta baixa da brinquedoteca do Complexo Lúdico Meimei.
São Bernardo do Campo (SP), 2009.

Vale lembrar que quem trabalha com brinquedos deve possuir certas qualidades de brinquedista (sensibilidade, dedicação, criatividade, conhecimento, alteridade, amor pelas crianças etc.), porém não é comum que cada um possua todas elas e na mesma intensidade. É importante também que goste de brincar, apesar da idade!

Para finalizar, vale lembrar que a brinquedoteca é um verdadeiro celeiro de estímulos para o ser humano. Além de ser excelente ao desenvolvimento infantil, é um ótimo recurso de manutenção da qualidade de vida dos adultos e dos idosos, possui propriedades terapêuticas para problemas físicos e psicológicos e oferece a função reeducativa nos aspectos comportamentais e disciplinares. Também se constitui em um imenso laboratório de pesquisa e aprendizagem para o educador, ou seja, é um espaço para todos!

CAPÍTULO 6
CONSIDERAÇÕES FINAIS

6.1 Conclusão

A importância do brincar e do brinquedo, associada à perda do espaço físico no processo de urbanização crescente, tem mobilizado diversas pessoas no sentido de organizar um espaço para preservação do brincar em situação protegida e saudável, segundo alguns critérios (por isso existem as brinquedotecas).

Com frequência, esses espaços lúdicos são encontrados em países europeus; ao longo dos últimos trinta anos, têm sido estruturados no Brasil, a partir de várias iniciativas, despertando interesse pelo importante papel que assumem no contexto psicológico e pedagógico, durante o desenvolvimento infantil como um todo.

Nos tempos atuais, tem havido grandes mudanças nos padrões oferecidos sobre o ato de brincar na vida escolar e cotidiana da criança, ou seja, o espaço e o tempo estão cada vez mais reduzidos para o que lhe é peculiar, o ato de brincar.

A professora preocupada com o conteúdo programático, pela ansiedade dos pais acelerarem o processo de alfabetização dos filhos, dá pouca importância às atividades lúdicas, que, normalmente, são denominadas "uma simples brincadeira". Contrariando tal denominação, Gimenes (1996) e Teixeira (2007) afirmam que o brincar/jogar é a forma natural de o ser infantil se expressar de forma sadia, além do efeito recreativo ou de construção de conhecimento, pois a dupla natureza faz do brincar parte integrante do desenvolvimento humano.

O ato de brincar é muito mais que uma situação em que a criança abstrai significados para assimilar atitudes usadas nos papéis sociais, ou compreende as relações afetivas que ocorrem em seu meio, ou constrói seu universo de conhecimento, constituindo uma expressão dinâmica pura e simples do ser infantil manifestada!

O jogo, o brinquedo e a brincadeira são analisados e estudados pela Pedagogia, tendo em vista as possibilidades práticas de sua utilização no processo ensino-aprendizagem, como em outras áreas do saber. Contudo, atuando livremente em uma brinquedoteca, em um pátio ou na rua, a criança estará existindo plena e simplesmente. A intenção é de que ela tenha a possibilidade de expressar seu afeto e seus sentimentos, sua inteligência, seus trejeitos físicos, enfim, que viva aquele momento intensamente, sem restrição alguma, ou qual outro objetivo senão ser!

Concordamos com alguns pesquisadores que aconselham que os brinquedos utilizados nos diferentes tipos de brinquedotecas não devem ser muito diferentes daqueles com os quais as crianças estão acostumadas a brincar fora desse espaço. É importante possuir um material que elas já conheçam e que faça parte de sua realidade, de seu sistema de significados. Por outro lado, se houver o cantinho da criatividade em sucata, tintas, colas e outros, elas poderão construir brinquedos semelhantes aos estruturados e inventar sobre essa experiência, conforme sua capacidade, as habilidades desenvolvidas e com sua relativa espontaneidade.

As brinquedotecas, com essa possibilidade, promovem o resgate dos brinquedos e brincadeiras pertencentes à cultura lúdica daquele ser que brinca; além disso, proporcionam ressignificações, mudanças de uso de materiais adaptados, a criação de outro modo de jogar e de outras brincadeiras, porque nelas o indivíduo tem tempo para os estímulos, ou seja, aproveita a oportunidade!

Capítulo 6 - Considerações Finais

O ambiente coletivo do brincar nesse espaço permite que a maioria das criações seja realizada com sucesso, pois a interação entre crianças possibilita que costumes regionais ou culturas sejam compartilhados, mesmo pertencendo a distintas faixas etárias, pois muitos pesquisadores já provaram seus benefícios; então, sem a interferência do adulto ou da responsabilidade como trabalho, novas ideias são expostas, compreendidas e vivenciadas com satisfação.

Todos os brinquedos da brinquedoteca chamam para a interação e reflexão. Esse local potencializa situações de organização, promove relacionamentos e acolhimentos, oferece mudanças e situações de escolhas, desenvolve atividades e propõe aprendizagens. Tudo isso porque a brinquedoteca se comunica com quem nela está e fala muitas linguagens: por meio das cores, da decoração, da segurança do espaço, do mobiliário, dos materiais expostos, da higiene, do clima afetivo, dos diferentes ambientes, das atividades espontâneas e dirigidas, coletivas ou individuais, da qualidade e da quantidade de brinquedos, dos cuidados, da construção, da reciclagem e de todas as esferas que fazem parte desse local encantador e contagiante.

Todavia, para que seja um espaço onde o participante possa ser ele mesmo e se expressar, descobrir suas habilidades e potencialidades, além de se socializar, de compreender e abstrair informações disponíveis nos diferentes cantinhos, a brinquedoteca também precisa deixar-se brincar...

É difícil alguém entrar na brinquedoteca e ficar alheio, porque o ambiente é contagiante, convidando-o a interagir. Como disse Nylse Cunha, em um evento na Associação Paulista de Medicina e da ABBri, em 2009, sobre a criança ao brincar na brinquedoteca, "é como se na brincadeira fosse possível viver a dimensão das possibilidades da vida; assim, brincar é viver, é mergulhar na própria existência".

Em suma, em uma brinquedoteca, o principal propósito de utilização do brinquedo é sugerir ideias, fazer fluir a imaginação e ultrapassar os limites da criatividade pelo brincar. Esse compartilhar entre si ocorre dentro de um espaço misto entre o real e o imaginário, proporcionando o brincar como um momento único.

Concordando com estudos realizados por Bomtempo (2005), verificamos que em uma mesma cultura a criança brinca de acordo com as ideias que lhe são apresentadas por meio dos adultos em sua volta, no contexto do dia a dia. Assim, se houver qualquer mudança, seja em decorrência de seu desenvolvimento maturacional, seja por fixar residência em outro local, vemos que os tipos de brincadeiras podem mudar também, mesmo que isso ocorra apenas na teoria. Isso demonstra que o brincar faz parte do conviver de cada região, com seus valores e significados, abstraídos pela criança como parte da representação cultural da realidade em que vive.

Levando em conta a brinquedoteca como um ambiente onde se vivem interações dinâmicas e contínuas, independentemente da rapidez que isso acontece, podemos então considerar que, a cada vivência pela criança nesse espaço, o meio promoverá mudanças sobre ela, e vice-versa, na visão construtivista.

Se a criança desenvolve-se orgânica e continuamente, certamente ela atuará de modo distinto a cada vez que entrar ali. Assim, seu modo de ser e de estar se alterarão, podendo-se dizer que ocorreu a aprendizagem de modo natural, mesmo que essa não fosse a intenção. Além disso, se houver o equilíbrio de sua saúde mental e psíquica, comprovadamente, podemos afirmar que ocorreu a elevação da autoestima infantil, mola de sustentabilidade do poder criativo e da autoconfiança.

Portanto, refletindo sobre os aspectos mencionados sobre a oportunidade de expressar a criatividade, desta ser influenciada e de influenciar, concluímos que, além de ser um local de manifestação da dinâmica lúdica, a brinquedoteca é um espaço sociocultural, de aprendizagem, autoterapêutico e existencial, por facilitar a forma natural de a criança se expressar – ser acima de tudo!

Com este trabalho, procuramos elaborar uma obra que contemplasse muitos tópicos sobre o brincar voltado para a brinquedoteca, apresentando muitas sugestões sobre as ideias existentes no Brasil e no exterior, de maneira sucinta, porém diversificada, e, mais do que isso, que se torne um manual básico de consulta para quem desejar inteirar-se sobre o assunto.

CAPÍTULO 7
REFERÊNCIAS BIBLIOGRÁFICAS

ALMEIDA, T. T. O. *Jogos e brincadeiras no ensino infantil e fundamental.* São Paulo: Cortez, 2005. (Oficinas: Aprender Fazendo).

AMADO, J. S.; HASSE, M. *Jogos e brinquedos tradicionais.* Lisboa: Fundação Calouste Gulbenkian/Instituto de Apoio à Criança, 1992.

ANTUNHA, E. Jogos sazonais: coadjuvantes do amadurecimento das funções cerebrais. In: OLIVEIRA, V. B. (Org.). *O brincar e a criança do nascimento aos seis anos.* 3. ed. Petrópolis: Vozes, 2000.

ARIÈS, P. *História social da criança e da família.* Tradução de Dora Flaksman. 2. ed. Rio de Janeiro: Guanabara, 1981. Tradução de: *L'Enfant et La Vie familiale sous l'Ancien Regime.*

ATZINGEN, M. C. Von. *História do brinquedo:* para crianças conhecerem e os adultos se lembrarem. São Paulo: Alegro, 2001.

BAPTISTONE, S. A. *O jogo na história:* um estudo sobre o uso do jogo de xadrez no processo ensino-aprendizagem. 2000. Dissertação (Mestrado) – Universidade São Marcos, São Paulo, 2000.

BOMTEMPO, E. Brinquedo e educação, na escola e no lar. *Psicologia Escolar e Educacional,* Campinas, v. 3, n. 1, p. 61--69, 1999.

_____; HUSSEIN, C. L.; ZAMBERLAN, M. A. T. *Psicologia do brinquedo:* aspectos teóricos e metodológicos. São Paulo: Nova Stella/Edusp, 1986.

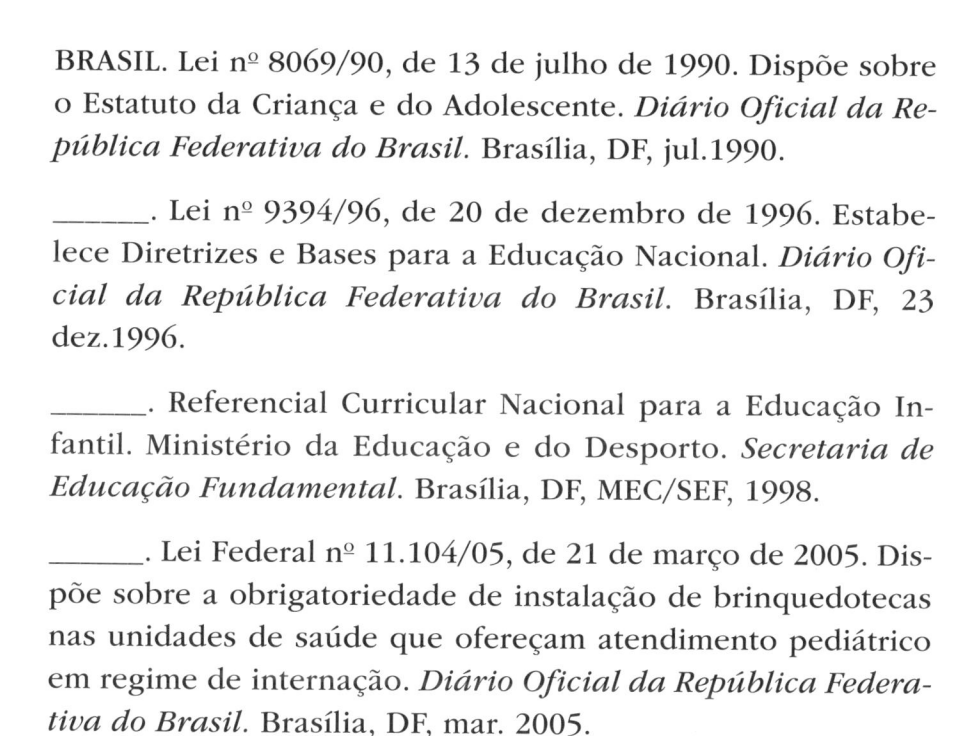

BRASIL. Lei nº 8069/90, de 13 de julho de 1990. Dispõe sobre o Estatuto da Criança e do Adolescente. *Diário Oficial da República Federativa do Brasil*. Brasília, DF, jul.1990.

_____. Lei nº 9394/96, de 20 de dezembro de 1996. Estabelece Diretrizes e Bases para a Educação Nacional. *Diário Oficial da República Federativa do Brasil*. Brasília, DF, 23 dez.1996.

_____. Referencial Curricular Nacional para a Educação Infantil. Ministério da Educação e do Desporto. *Secretaria de Educação Fundamental*. Brasília, DF, MEC/SEF, 1998.

_____. Lei Federal nº 11.104/05, de 21 de março de 2005. Dispõe sobre a obrigatoriedade de instalação de brinquedotecas nas unidades de saúde que ofereçam atendimento pediátrico em regime de internação. *Diário Oficial da República Federativa do Brasil*. Brasília, DF, mar. 2005.

BROUGÉRE, G. *Brinquedo e cultura*. Tradução de Gisela Wajskop. 4. ed. São Paulo: Cortez, 2001. v. 43. (Questões da Nossa Época).

CARVALHO, A. M. A.; PEDROSA, M. I. Teto, ninho, território: brincadeiras de casinha. In: CARVALHO, A. M. A. et al. (Orgs.). *Brincadeira e cultura*: viajando pelo Brasil que brinca. Brincadeiras de todos os tempos. São Paulo: Casa do Psicólogo, 2003. v. 2.

CARVALHO, J. R. de. *Bonecos de madeira:* brincadeiras e jogos de rua do meu tempo – anos 20-30. Lisboa: Câmara Municipal de Lisboa, 1998.

CIVITA, Victor (ed.). *Os melhores jogos do mundo*. São Paulo: Abril. 1978.

COPAG. *Regras oficiais de jogos de cartas*. São Paulo: PanImpress, [s.d.].

CUNHA, N. H. S. Brinquedoteca: definição, histórico no Brasil e no mundo. In: FRIEDMANN, A. et al. (Coord.). *O direito de brincar:* a brinquedoteca. São Paulo: Scritta/Abrinq, 1992. p. 35-48.

_____. *Brinquedoteca:* um mergulho no brincar. 3. ed. São Paulo: Vetor, 2001.

_____. *Brinquedo:* linguagem e alfabetização. Petrópolis: Vozes, 2004.

_____. O significado da brinquedoteca hospitalar. In: VIEGAS, D. (Org.). *Brinquedoteca hospitalar:* isto é humanização. Rio de Janeiro: WAK, 2007. p. 71-74.

_____. et al. *Materiais pedagógicos:* manual de utilização. Brasília, DF: MEC/Fename/Apae, 1981. 2. v.

_____. *Brinquedo, desafio e descoberta:* subsídios para utilização e confecção de brinquedos. Brasília, DF: MEC/FAE, 1988.

_____.; VIEGAS, D. *Brinquedoteca hospitalar :* guia de orientação. São Paulo: ABBri/Laramara, 2004.

FREYRE, G. *Casa-grande e senzala.* 20. ed. Rio de Janeiro: José Olympio, 1988.

FRIEDMANN, A. *Brincar:* crescer e aprender. O resgate do jogo infantil. São Paulo: Moderna, 1996.

_____. *A arte de brincar:* brincadeiras e jogos tradicionais. 3. ed. Petrópolis: Vozes, 2004.

_____. *O desenvolvimento da criança através do brincar.* São Paulo: Moderna, 2006.

_____.; et al. *O direito de brincar:* a brinquedoteca. São Paulo: Scritta/Abrinq, 1992.

GARON, D. Classificação e análise de materiais lúdicos: o sistema Esar. In: FRIEDMANN, A. et al. *O direito de brincar:* a brinquedoteca. São Paulo: Scritta/Abrinq, 1992. p. 171-182.

GIMENES, B. P. *O jogo de regras nos jogos da vida*: sua função psicopedagógica na sociabilidade e afetividade em pré-adolescentes institucionalizados. Dissertação (Mestrado). Universidade Metodista de S. Paulo. São Bernardo do Campo, 1996. 198 p.

_____. Projetos que deram certo! Brinquedoteca: o mesmo princípio em duas realidades. *Psicopedagogia: Revista da Associação Brasileira de Psicopedagogia,* São Paulo, v. 17, n. 46, p. 44-52, 1998.

_____. Os jogos simbólicos: uma perspectiva piagetiana. *Caderno UniABC de Psicologia,* São Paulo, v. 7, n. 1, p. 24--30, 1999.

_____. Brincando na natureza: um projeto de bem-viver expresso através da arte. In: CONGRESSO BRASILEIRO DE PSICOPEDAGOGIA, 5., 2000, São Paulo. *Anais...* São Paulo: ABPp/Universidade Presbiteriana Mackenzie, 2000a. p. 82.

_____. _____. In: CONGRESSO LATINO-AMERICANO DE PSICOPEDAGOGIA, 1., 2000, São Paulo. *Anais...* São Paulo: ABPp/Universidade Presbiteriana Mackenzie, 2000. p. 82.

_____. _____. ENCONTRO BRASILEIRO DE PSICOPEDAGOGOS, 9., 2000, São Paulo. *Anais...* São Paulo: ABPp/Universidade Presbiteriana Mackenzie, 2000. p. 82.

_____. *O jogo de regras nos jogos da vida*: sua função psicopedagógica na sociabilidade e afetividade em pré-adolescentes. São Paulo: Vetor Psicopedagógica, 2000b.

_____. Brincando eu aprendo: o complexo sistêmico Brinquedoteca Meimei. In: CONFERENCE INTERNATIONAL OF TOY LIBRARIES: BRINCAR PARA APRENDER, 9., 2002, Lisboa. *Resumos...* Lisboa: Instituto de Apoio à Criança, Fundação Calouste Gulbenkian, 13-17 maio 2002a. p. 41.

GIMENES, B. P. O olhar para o brinquedo através da experiência pessoal: o resgate do brincar/brinquedo em alunos do curso de pedagogia. In: CONFERENCE INTERNATIONAL OF TOY LIBRARIES: BRINCAR PARA APRENDER, 9., 2002, Lisboa. *Resumos...* Lisboa: Instituto de Apoio à Criança; Fundação Calouste Gulbenkian, 2002b. p. 132.

_____. Sonhando e brincando eu aprendo: projeto mundo mágico do circo. In: CONGRESSO DA ORGANIZAÇÃO MUNDIAL PARA EDUCAÇÃO PRÉ-ESCOLAR: DIREITO DA CRIANÇA DE VIVER, DESENVOLVER-SE E APRENDER NUM CONTEXTO DE ALTA QUALIDADE, 14., 2002, Campo Grande. *Resumos...* Campo Grande, Omep-BR/Omep-MS, 10-13 jul. 2002c. p. 106.

_____. Um corpo brincando com um corpo que brinca: atenção primária na formação do vínculo epistemofílico em bebês de mães adolescentes. In: ASBRA: ASSOCIAÇÃO BRASILEIRA DE ADOLESCÊNCIA, 2., 2002d, Londrina. *Anais...* Londrina: Asbra; Cone Sul: Paraná, ago. 2002. p.15-17.

_____. _____. In: ASPAA: ASSOCIAÇÃO PARANAENSE DE ADOLESCÊNCIA, 2., 2002, Londrina. *Anais...* Londrina: Asbra; Cone Sul: Paraná, ago. 2002. p.15-17.

_____. _____. In: CONGRESSO DE ADOLESCÊNCIA DO CONE SUL, 2., 2002, Londrina. *Anais...* Londrina: Asbra; Cone Sul: Paraná, ago. 2002. p. 15-17.

_____. Brincando eu aprendo: a Brinquedoteca Meimei. In: O brinquedista. *Jornal da ABBri: Associação Brasileira de Brinquedotecas.* São Paulo, n. 35, ago. 2003.

_____. Hearing the stories that the boxes "tell": a playful way to learn how to write about stories. In: INTERNATIONAL CONFERENCE OF TOY LIBRARIES – TOY LIBRARIES: BUILDING A BETTER WORLD THROUGH PLAY, 10., 2005, Tshuane –

Pretoria – South Africa. *Abstracts...* Tshuane – Pretoria – South Africa: ALL- Active Learning & Leisure Libraries, 19-23 sep. 2005. p. 22.

GIMENES, B.P. A brinquedoteca na promoção da saúde. In: SEMINÁRIO NACIONAL DE BRINQUEDOTECA: A IMPORTÂNCIA DO BRINQUEDO NA SAÚDE E NA EDUCAÇÃO. COMISSÃO DE LEGISLAÇÃO PARTICIPATIVA DA CÂMARA DOS DEPUTADOS. 2005, Brasília. *Anais...* Brasília: Câmara dos Deputados, Coordenação de Publicações. 10 ago. 2006. p. 70-77. (Ação Parlamentar, n. 338)

_____. Brinquedoteca e psicopedagogia: um casamento feliz. In: CONGRESSO BRASILEIRO DE PSICOPEDAGOGIA: DESAFIOS DA PSICOPEDAGOGIA NO SÉCULO XXI, 7., 2006, São Paulo. *Resumos...* São Paulo: ABPp, 10 ago. 2006. p. 80.

_____. _____. In: CONGRESSO LATINO-AMERICANO DE PSICOPEDAGOGIA, 3., 2006, São Paulo. *Resumos...* São Paulo: ABPp, 10 ago. 2006. p. 80.

_____. _____. In: CONGRESSO LUSO-BRASILEIRO DE PSICOPEDAGOGIA, 1., 2006, São Paulo. *Resumos...* São Paulo: ABPp, 10 ago. 2006. p. 80.

_____. _____. In: ENCONTRO BRASILEIRO DE PSICOPEDAGOGIA, 11., 2006, São Paulo. *Resumos...* São Paulo: ABPp, 10 ago. 2006. p. 80.

_____. O brincar com sucata: a narração de histórias. In: APM: ASSOCIAÇÃO PAULISTA DE MEDICINA/ASSOCIAÇÃO BRASILEIRA DE BRINQUEDOTECAS, 1., 2006, São Paulo. *Apostila eletrônica...* São Paulo: APM/ABBri, 25-27 set. 2006.

_____. _____. In: CURSO PARA FORMAÇÃO DE BRINQUEDISTA HOSPITALAR, 1., 2006, São Paulo. *Apostila eletrônica...* São Paulo: APM/ABBri, 25-27 set. 2006.

GIMENES, B.P. A criatividade na brinquedoteca e a repercussão social. O brincar na brinquedoteca e o desenvolvimento saudável e social. In: ENCONTRO NACIONAL DE PSICOLOGIA SOCIAL, 1., 2007, Poços de Caldas. *Anais...* Poços de Caldas: Secretaria da Educação da Prefeitura Municipal de Poços de Caldas, 1-3 set. 2007.

_____. A ludicidade em terapia familiar: jogos para conhecer e conviver. In: CONGRESSO BRASILEIRO DE TERAPIA FAMILIAR: DIFERENTES FAMÍLIAS, CONTEXTOS DIVERSOS E MÚLTIPLOS OLHARES, 8., 2008b, Gramado. *Resumos...* Gramado: Abratef, 2008. p. 38-39.

_____. _____. In: ENCONTRO DE PESQUISADORES DA ABRATEF, 3., Gramado. *Resumos...* Gramado: Abratef, 2008. p. 38-39.

_____. Ler para compreender e salvar o meio ambiente. In: CONGRESSO DE NEUROPSICOLOGIA DA ABRANEP, 1., 2008, Ribeirão Preto. *Resumos...* Ribeirão Preto: Tecmedd, 2008. 1 CD-ROM.

_____. _____. In: CONGRESSO DE NEUROPSICOLOGIA E APRENDIZAGEM, 7., 2008, Ribeirão Preto. *Resumos...* Ribeirão Preto: Tecmedd, 2008. 1 CD-ROM.

_____. _____. In: CONGRESSO INTERDISCIPLINAR: SAÚDE, EDUCAÇÃO E MEIO AMBIENTE, 3., 2008, Ribeirão Preto. *Resumos...* Ribeirão Preto: Tecmedd, 2008. 1 CD-ROM.

_____. _____. In: CONGRESSO INTERNACIONAL DE DESENVOLVIMENTO INFANTOJUVENIL, 2., 2008, Ribeirão Preto. *Resumos...* Ribeirão Preto: Tecmedd, 2008. 1 CD-ROM.

_____. _____. In: JORNADA INTERNACIONAL DO SONO, 1., 2008, Ribeirão Preto. *Resumos...* Ribeirão Preto: Tecmedd, 2008. 1 CD-ROM.

GIMENES, B.P. In: SEMINÁRIO DE SAÚDE AMBIENTAL: AMBIENTE E DESENVOLVIMENTO HUMANO, 5., 2008, Ribeirão Preto. *Resumos...* Ribeirão Preto: Tecmedd, 2008. 1 CD-ROM.

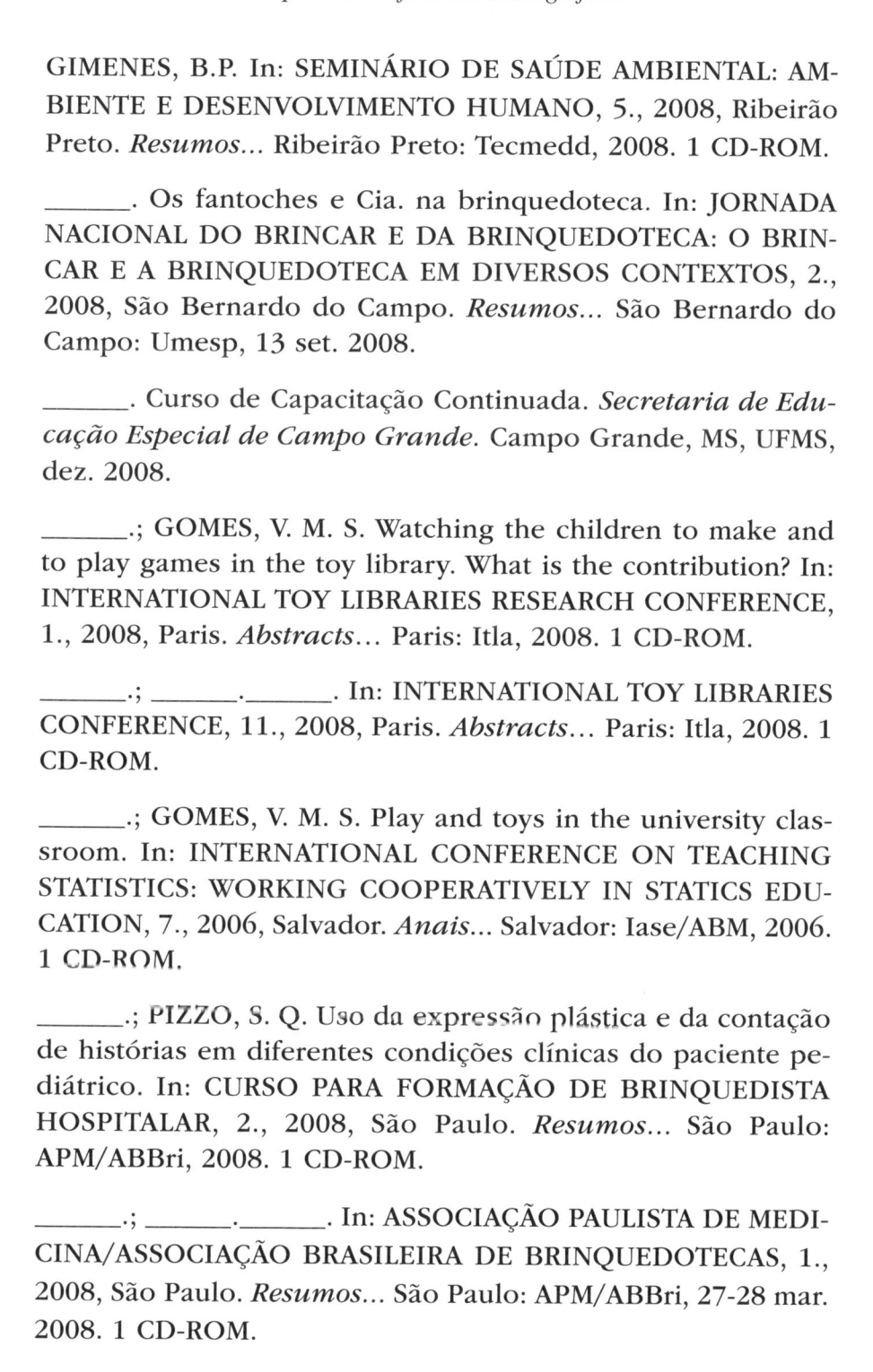

_____. Os fantoches e Cia. na brinquedoteca. In: JORNADA NACIONAL DO BRINCAR E DA BRINQUEDOTECA: O BRINCAR E A BRINQUEDOTECA EM DIVERSOS CONTEXTOS, 2., 2008, São Bernardo do Campo. *Resumos...* São Bernardo do Campo: Umesp, 13 set. 2008.

_____. Curso de Capacitação Continuada. *Secretaria de Educação Especial de Campo Grande.* Campo Grande, MS, UFMS, dez. 2008.

_____.; GOMES, V. M. S. Watching the children to make and to play games in the toy library. What is the contribution? In: INTERNATIONAL TOY LIBRARIES RESEARCH CONFERENCE, 1., 2008, Paris. *Abstracts...* Paris: Itla, 2008. 1 CD-ROM.

_____.; _____._____. In: INTERNATIONAL TOY LIBRARIES CONFERENCE, 11., 2008, Paris. *Abstracts...* Paris: Itla, 2008. 1 CD-ROM.

_____.; GOMES, V. M. S. Play and toys in the university classroom. In: INTERNATIONAL CONFERENCE ON TEACHING STATISTICS: WORKING COOPERATIVELY IN STATICS EDUCATION, 7., 2006, Salvador. *Anais...* Salvador: Iase/ABM, 2006. 1 CD-ROM.

_____.; PIZZO, S. Q. Uso da expressão plástica e da contação de histórias em diferentes condições clínicas do paciente pediátrico. In: CURSO PARA FORMAÇÃO DE BRINQUEDISTA HOSPITALAR, 2., 2008, São Paulo. *Resumos...* São Paulo: APM/ABBri, 2008. 1 CD-ROM.

_____.; _____._____. In: ASSOCIAÇÃO PAULISTA DE MEDICINA/ASSOCIAÇÃO BRASILEIRA DE BRINQUEDOTECAS, 1., 2008, São Paulo. *Resumos...* São Paulo: APM/ABBri, 27-28 mar. 2008. 1 CD-ROM.

_____.; _____._____. *Temas sobre Desenvolvimento*. São Paulo, n. 93, v. 16, out.-dez. 2008. p 170-175.

GIMENES, B.P. O resgate do brincar na formação de educador. *Boletim da APP,* São Paulo, ano 30, n. 1-9, p. 81-99, jan.-jun. 2009.

HELLER, A. *Teoria de la historia*. Barcelona: Fontamara, 1985.

HUMBERT, R. *História da pedagogia*. Tradução de Luis Damasco Penna e J. B. Damasco. 3. ed. São Paulo: Companhia Editora Nacional, 1976.

IAC - INSTITUTO DE APOIO À CRIANÇA. *Jogos e brinquedos populares*. Lisboa: Fundação Calouste Gulbenkian, 1992.

JABARDO, M.; TEIXEIRA, S. R. A brinquedoteca hospitalar na humanização da assistência à saúde. In: INTERNACIONAL TOY LIBRARIES CONFERENCE, 1., 2008. *Resumos...* Paris: Itla, 2008.

_____. _____. In: _____., 11., 2008. *Resumos...* Paris: Itla, 2008.

KISHIMOTO, T. M. *Jogos tradicionais infantis:* o jogo, a criança e a educação. 2. ed. São Paulo: Vozes, 1993.

LEONTIEV, A. N. Os princípios psicológicos da brincadeira pré-escolar. In: VYGOTSKY, L. S; LURIA, A. R.; LEONTIEV, A. N. *Linguagem, desenvolvimento e aprendizagem*. São Paulo: Ícone, 2001.

LINDQUIST, Y. Brincar no hospital. In: FRIEDMANN, A. et al. (Org.). *O direito de brincar:* a brinquedoteca. São Paulo: Scritta/Abrinq, 1992.

_____. *A criança no hospital:* terapia pelo brinquedo. Tradução de Raquel Zumbano Altman. São Paulo: Scritta, 1993.

MACEDO, L. Para uma visão construtivista da psicopedagogia. In: ALENCAR, E. S. de (Org.). *Novas contribuições da psicologia aos processos de ensino e aprendizagem*. 2. ed. São Paulo: Cortez, 1992. p. 119-140.

_____.; PETTY, A. L. S.; PASSOS, N. C. *Quatro cores, senha e dominó:* oficinas de jogos em uma perspectiva construtivista e psicopedagógica. São Paulo: Casa do Psicólogo, 1997. (Psicologia e Educação).

MELLIS, V. *Espaços em educação infantil*. São Paulo: Scortecci, 2007.

MICHELET, A. Classificação de jogos e brinquedos – a classificação I. C. C. P. In: FRIEDMANN, A. et al. *O direito de brincar:* a brinquedoteca. São Paulo: Scritta/Abrinq, 1992. p. 157 e 168.

OLIVEIRA, V. B. de *O símbolo e o brinquedo:* a representação da vida. Petrópolis: Vozes, 1992.

PÉREZ-RAMOS, A. M. de Q. *A criança pequena e o despertar do brincar:* primeiros dois anos de vida. São Paulo: Vetor, 2000.

_____.; SILVA, S. M. Subsídios das políticas públicas como garantia do direito do brincar. *O Brinquedista: Informativo da Associaçao Brasileira de Brinquedotecas*, São Paulo, n. 43, p. 4, mar. 2007.

PIAGET, J. A formação do símbolo na criança; imitação, jogo e sonho, imagem e representação. Tradução de Álvaro Cabral e Christiano Monteiro Oiticica. 3 ed. Rio de Janeiro: Guanabara Koogan, 1978. Tradução de: *La formation du symbole; imitation, jeu et revê, imagem et représentation*.

_____. *Seis estudos de psicologia*. Tradução de Maria Alice Magalhães D'Amorim e Paulo Sérgio Lima Silva. Rio de Janeiro: Forense, 1967. Tradução de: *Six etudes de psychologie*.

POSTER, M. *Teoria crítica da família*. Rio de Janeiro: Zahar, 1979.

ROCHA, B. dos S. *Brincando na escola:* o espaço escolar como criação e crescimento. São Paulo: Arte & Ciência, 2003.

RYAD, S. *Psicologia clínica e preventiva:* novos fundamentos. S. Paulo: EPU, 1989.

SANTOS. S. M. P. dos (Org.). *Brinquedoteca:* a criança, o adulto e o lúdico. 2. ed. Petrópolis: Vozes, 2000.

_____. *Brinquedo e infância:* um guia para pais e educadores em creche. 3. ed. Petrópolis: Vozes, 2001.

_____. *A ludicidade como ciência*. Petrópolis: Vozes, 2001.

SILVA, C. A. *O jogo na matemática:* o pega-varetas no ensino-aprendizagem de expressões numéricas. São Paulo: Dissertação (Mestrado) – Universidade São Marcos, São Paulo, 1998.

SILVA, M. A. S. S.; GARCIA, M. A. L.; FERRARI, S. C. M. *Memória e brincadeiras na cidade de São Paulo nas primeiras décadas do século XX*. São Paulo: Cortez/Cenpec, 1989.

SNYDERS, G. *A alegria na escola*. São Paulo: Manole, 1988.

TEIXEIRA, S. R. de O. *Análise de produções científicas recentes sobre jogos, brinquedos e brincadeiras e suas implicações no processo de aprendizagem e desenvolvimento*. Dissertação (Mestrado) – Faculdade de Psicologia da Universidade São Marcos. São Paulo, 2007. 111 p.

_____. A brinquedoteca como suporte do processo de ensino e aprendizagem na Educação Infantil. *Revista Direcional Educador*, São Paulo, p. 21, ago. 2008.

VIAL, J. *Jeu et éducacion:* les ludothèques. Paris: Presses Universitaires de France, 1981.

VIALLES, C. *150 atividades para crianças:* 4 e 5 anos. Tradução de Ana Sofia Faria de Andrade. 6. ed. Rio Tinto: Asa, 2001. Tradução de: *150 activités pour votre enfant.*

VIEGAS, D. (Org.). ABBri: Associação Brasileira de Brinquedotecas. In: *Brinquedoteca hospitalar:* isto é humanização. Rio de Janeiro: WAK, 2007.

VYGOTSKY, L. S. O papel do brinquedo no desenvolvimento. In: COLE, M. et. al. (Orgs.). *A formação social da mente:* o desenvolvimento dos processos psicológicos superiores. Tradução de José Cipolla Neto, Luis Silveira Menna Barreto e Solange Castro Afeche. 3. ed. São Paulo: Martins Fontes, 1989. p. 105-118 e 124. (Psicologia e Pedagogia). Tradução de: *Mind in society:* the development of higher psychological process.

_____.; LURIA, A. R.; LEONTIEV, A. N. *Linguagem, desenvolvimento e aprendizagem.* Tradução de Maria da Penha Villalobos. 7 ed. São Paulo: Ícone, 2001.

WAJSKOP, G. *Brincar na pré-escola.* 8. ed. São Paulo: Cortez, 2007.

WEISS, L. *Brinquedos e engenhocas:* atividades lúdicas com sucata. 2. ed. São Paulo: Scipione, 1997.

www.cortezeditora.com.br